dessiner les animaux du livre de kells

étape par étape

valérie-anne bertin

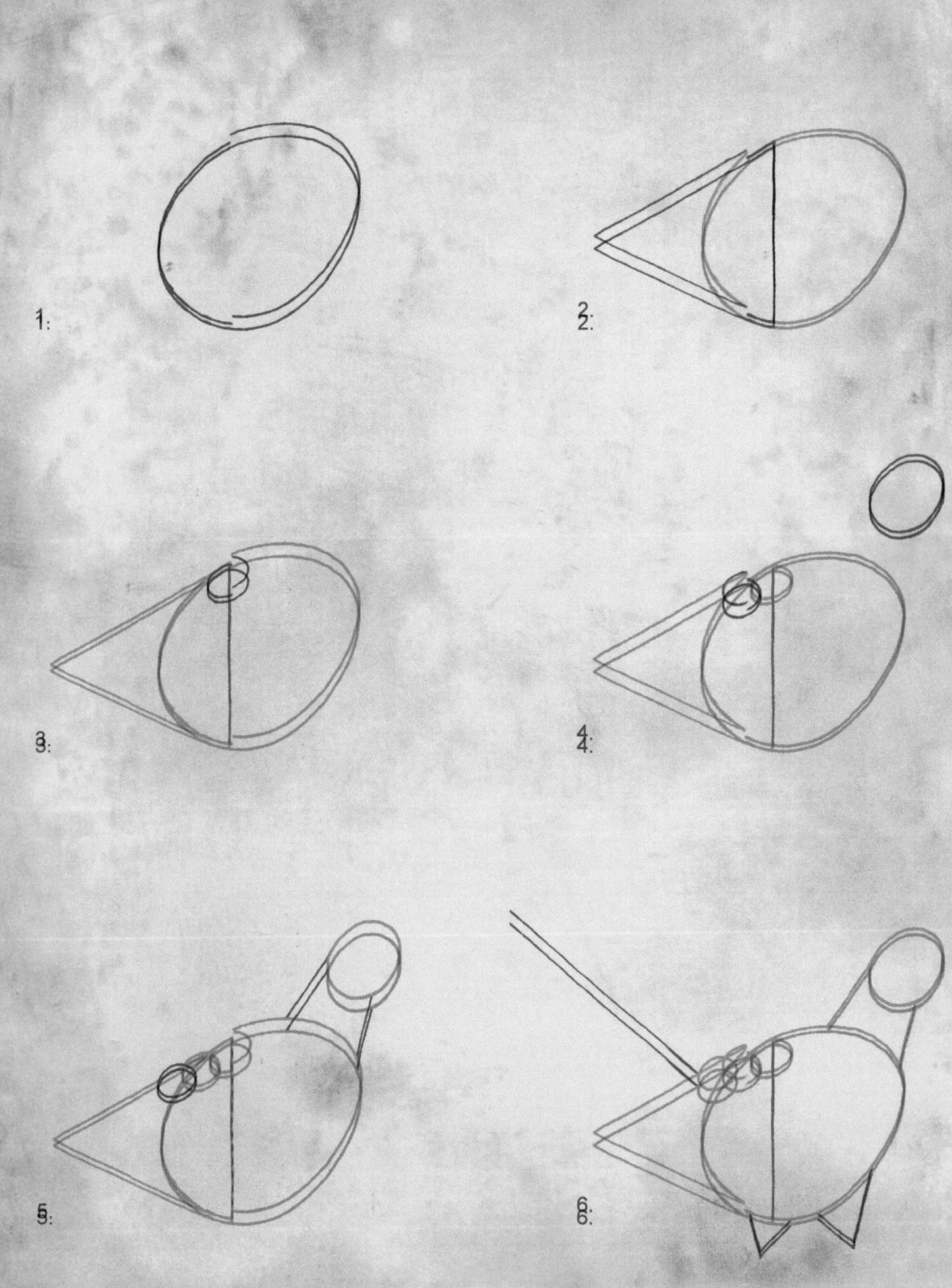

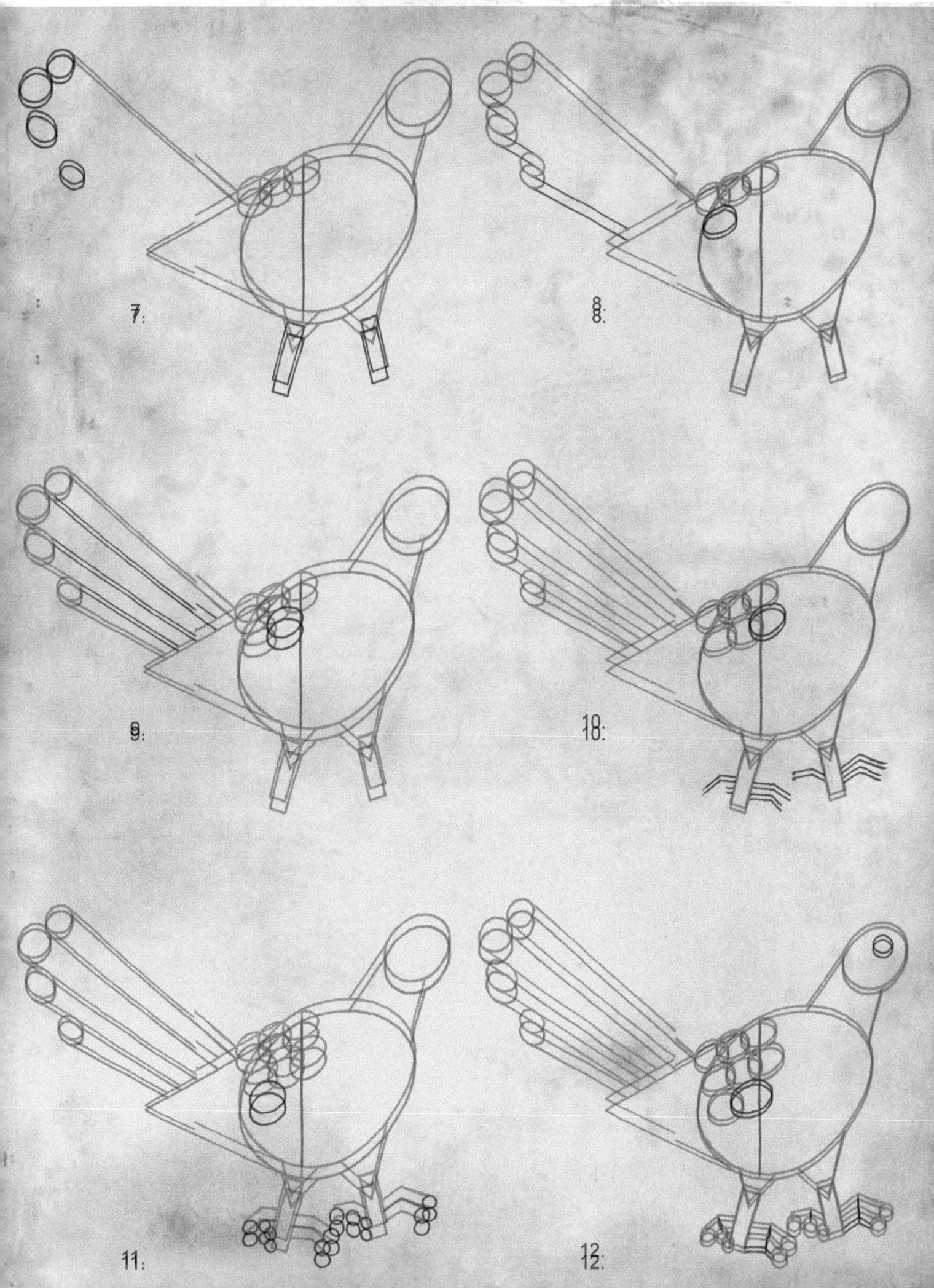

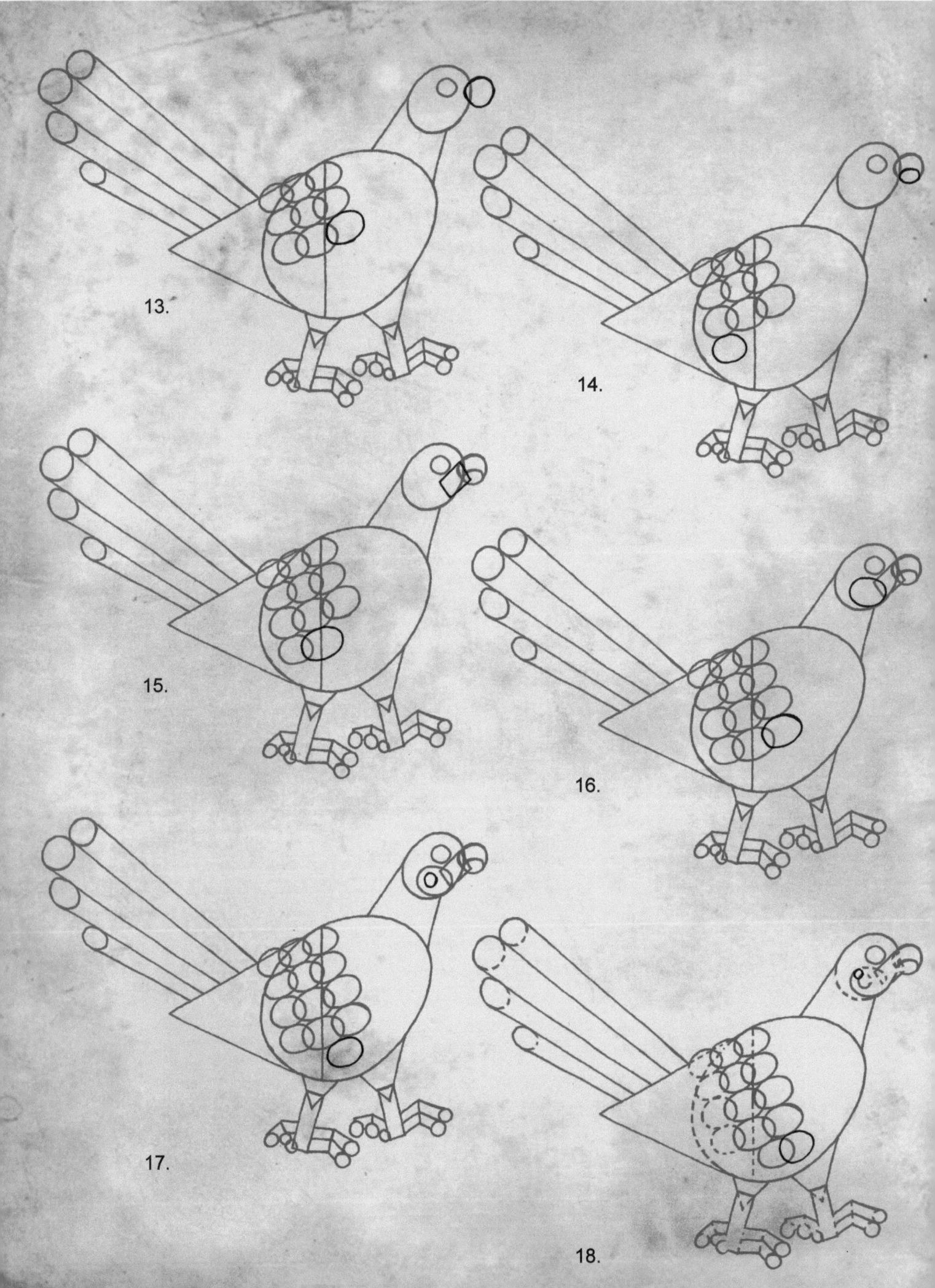

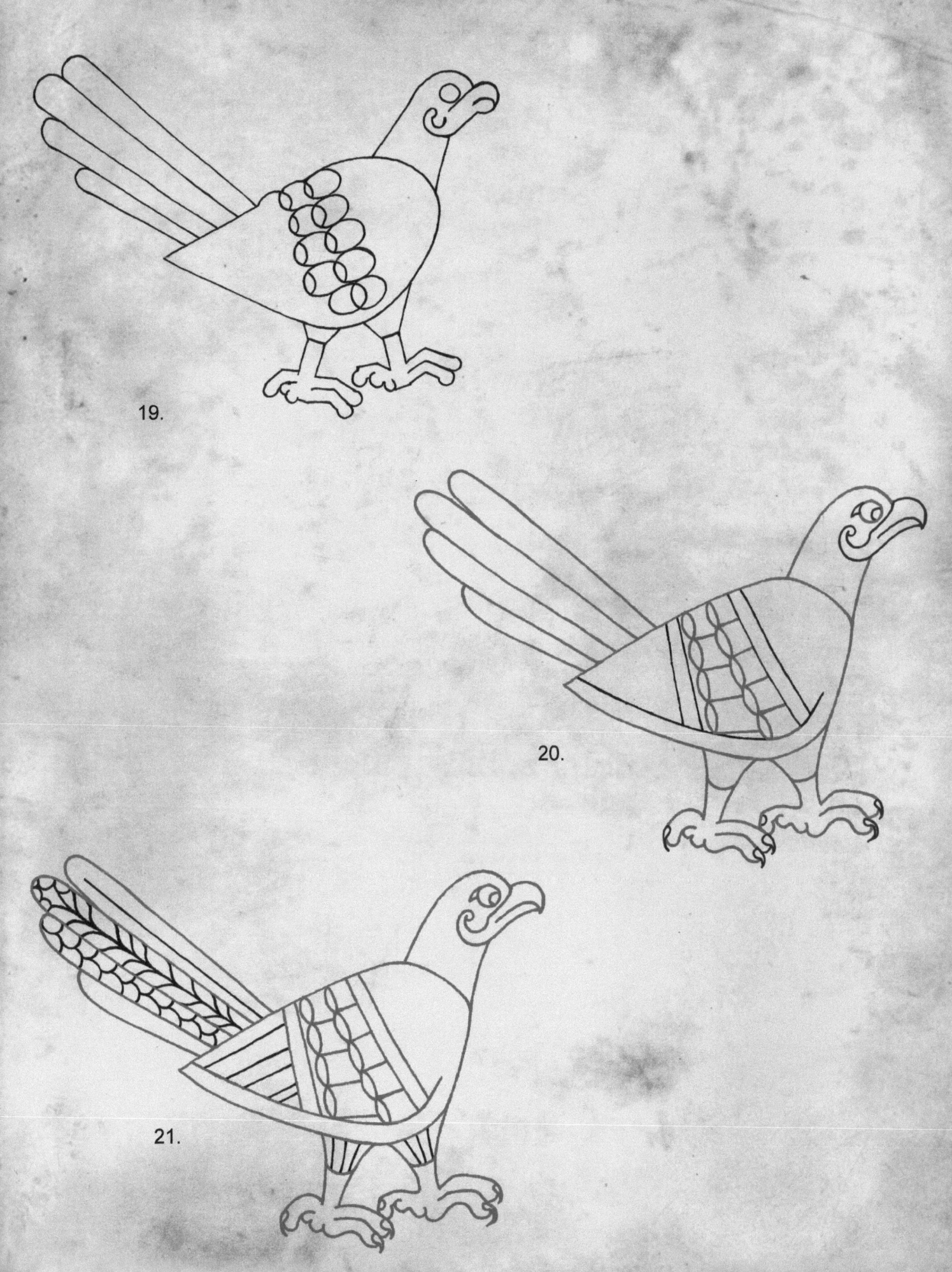

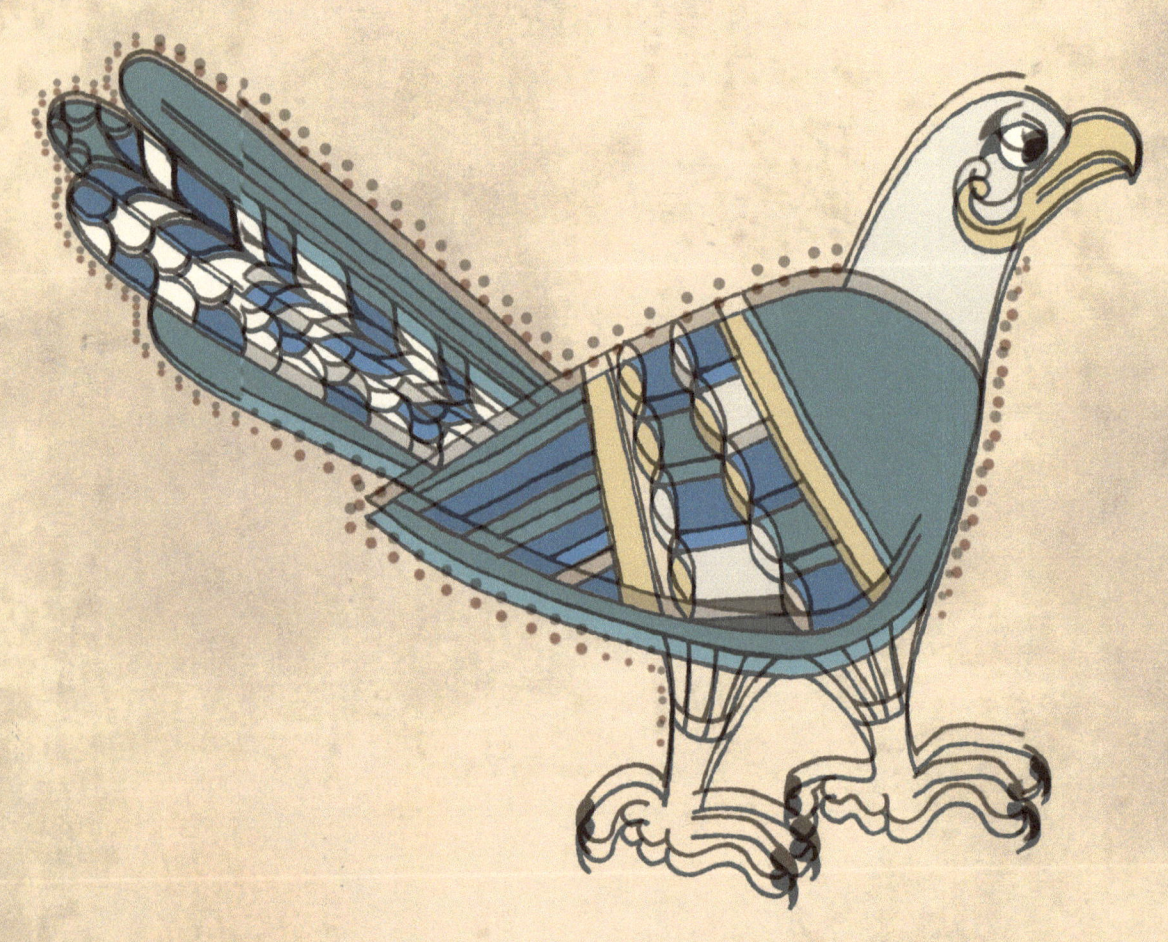

cf. Folio 67r

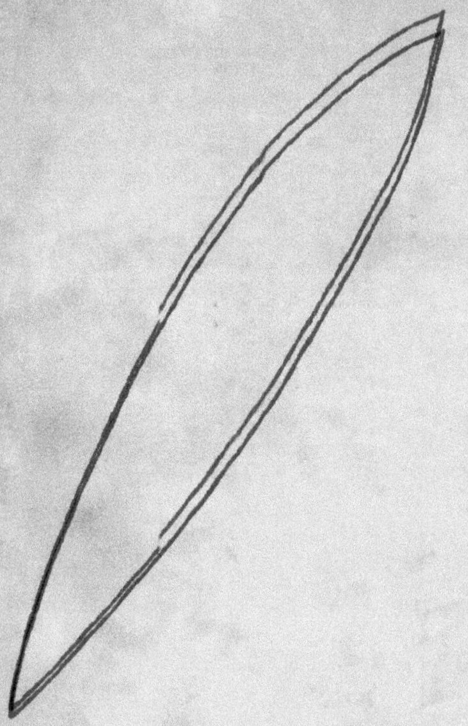

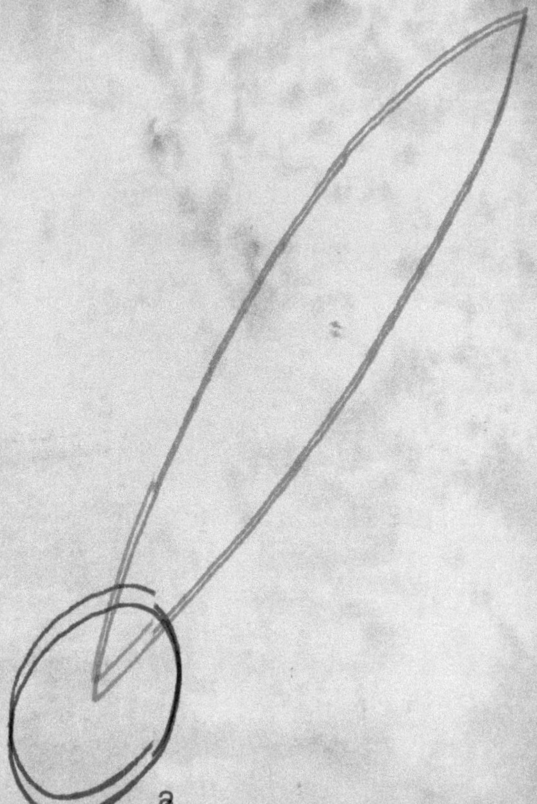

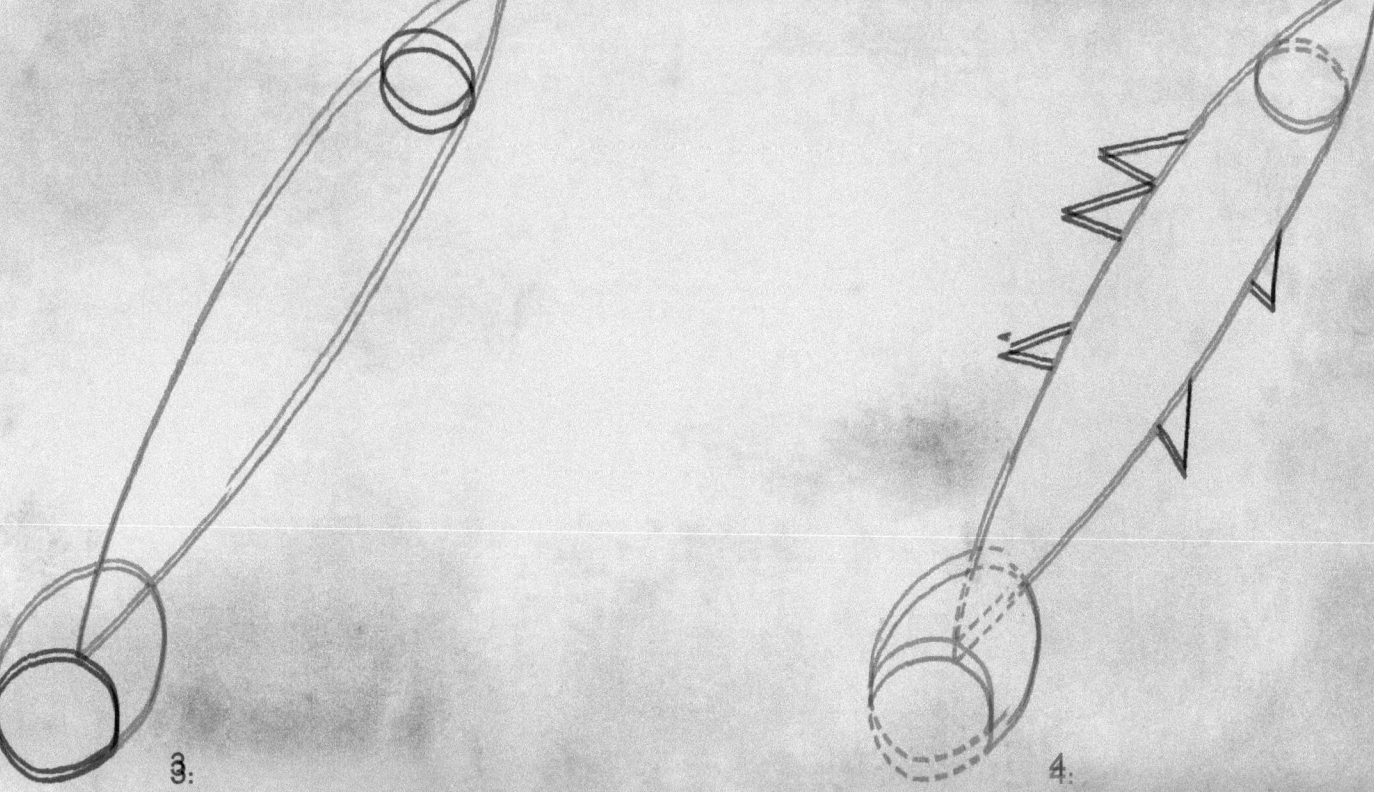

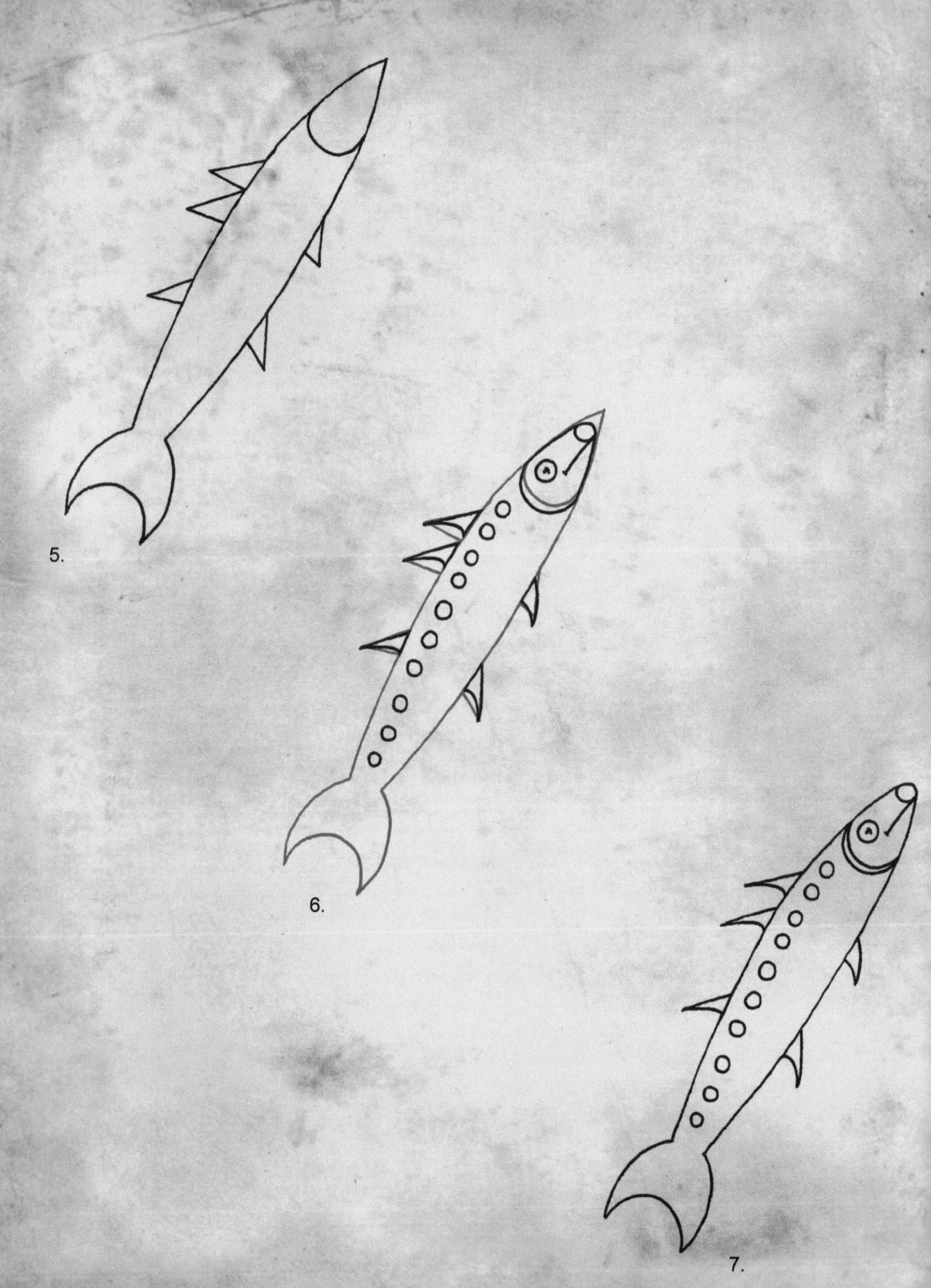

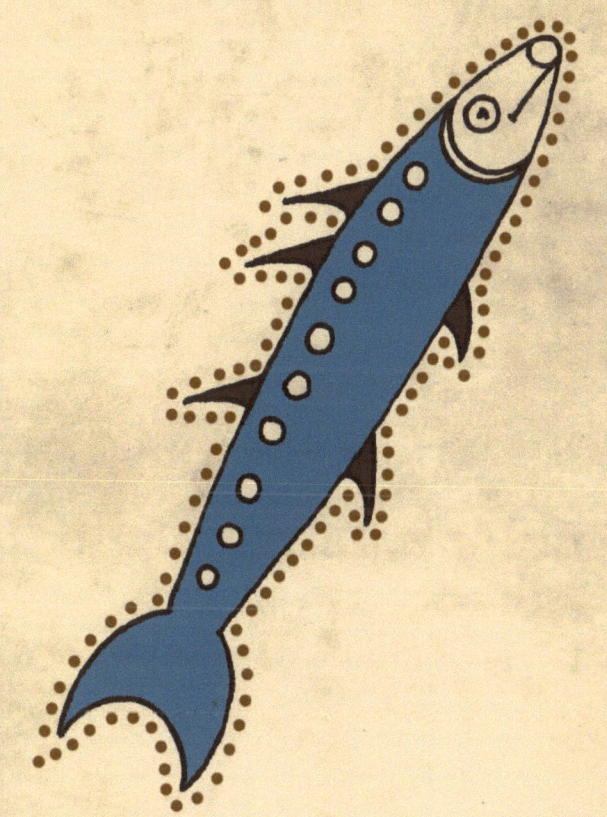

cf. Folio 71r

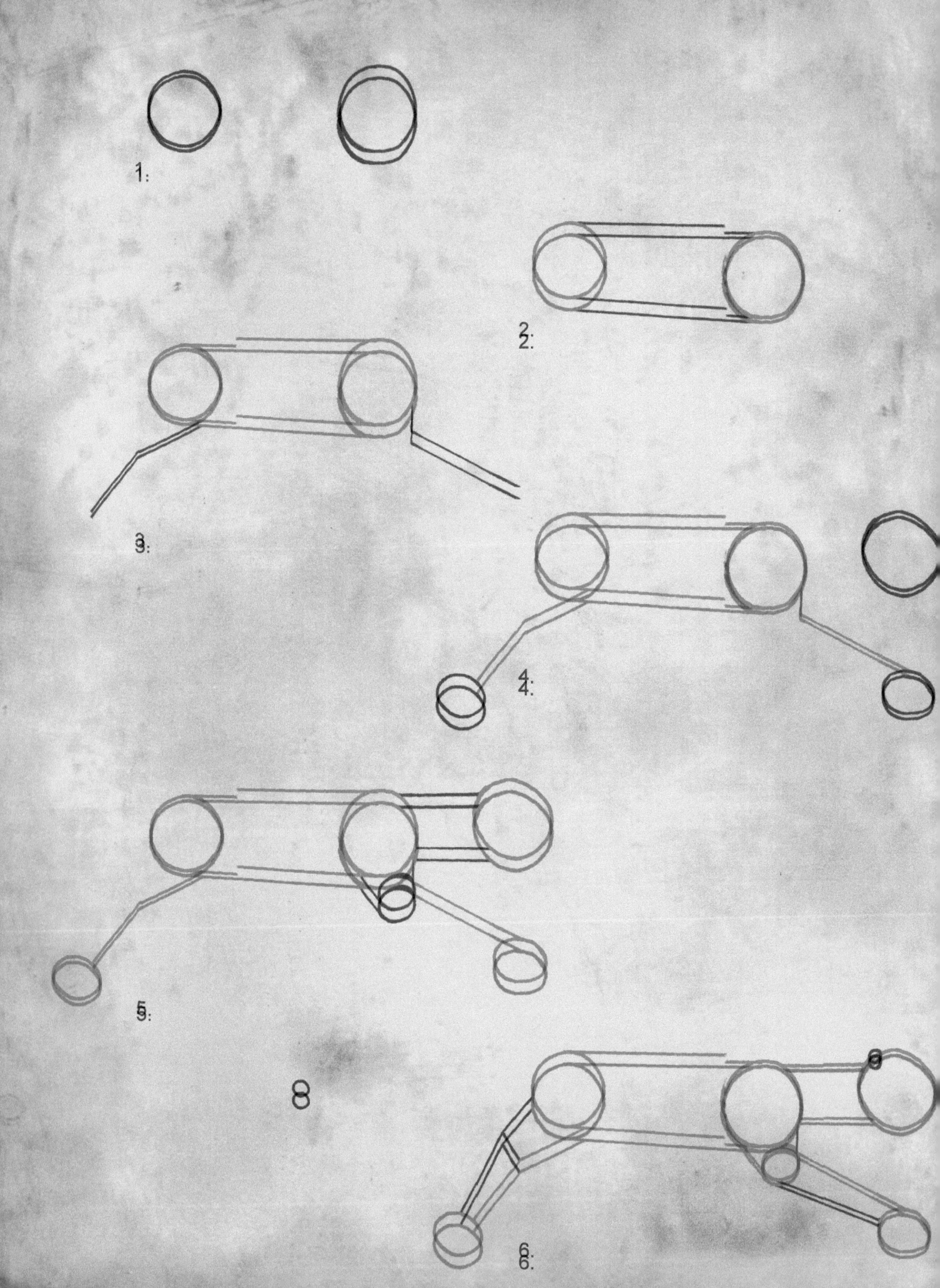

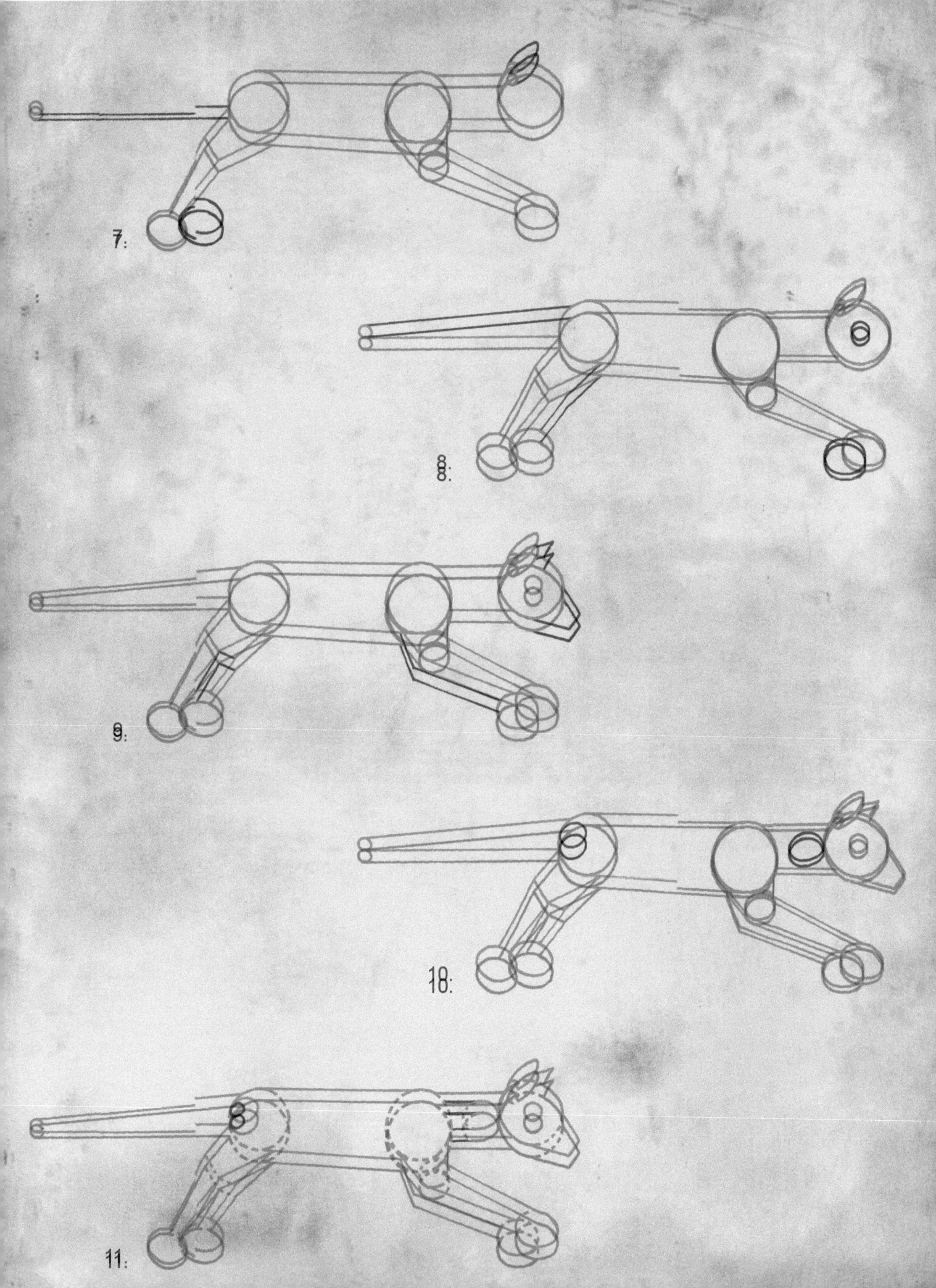

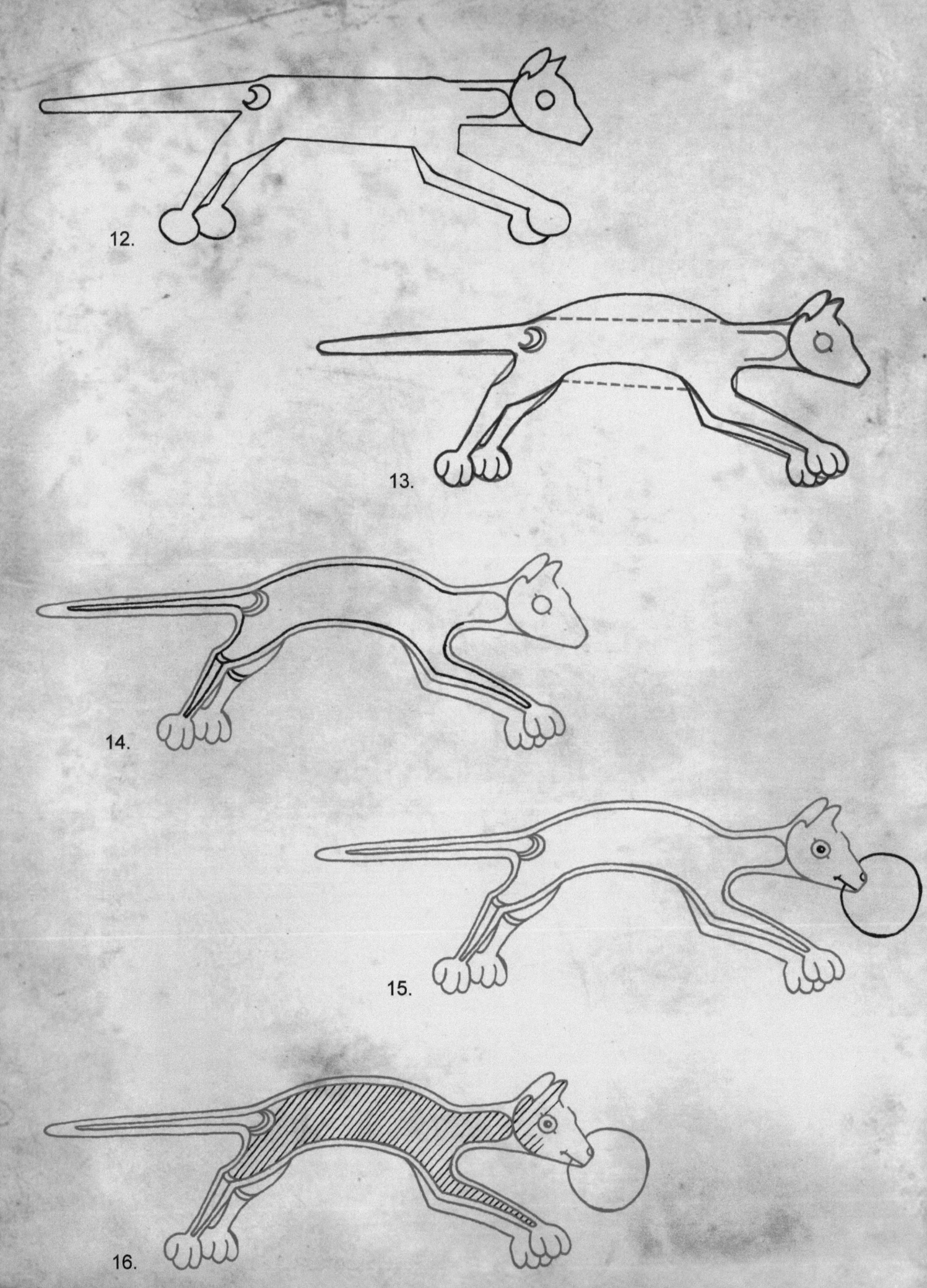

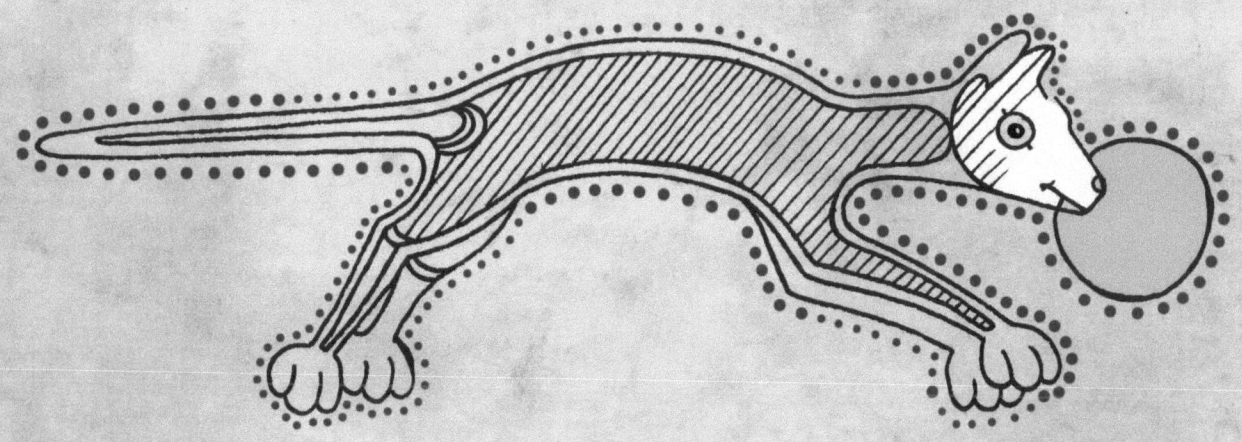

cf. Folio 48r

1:

2:

3:

4:

5:

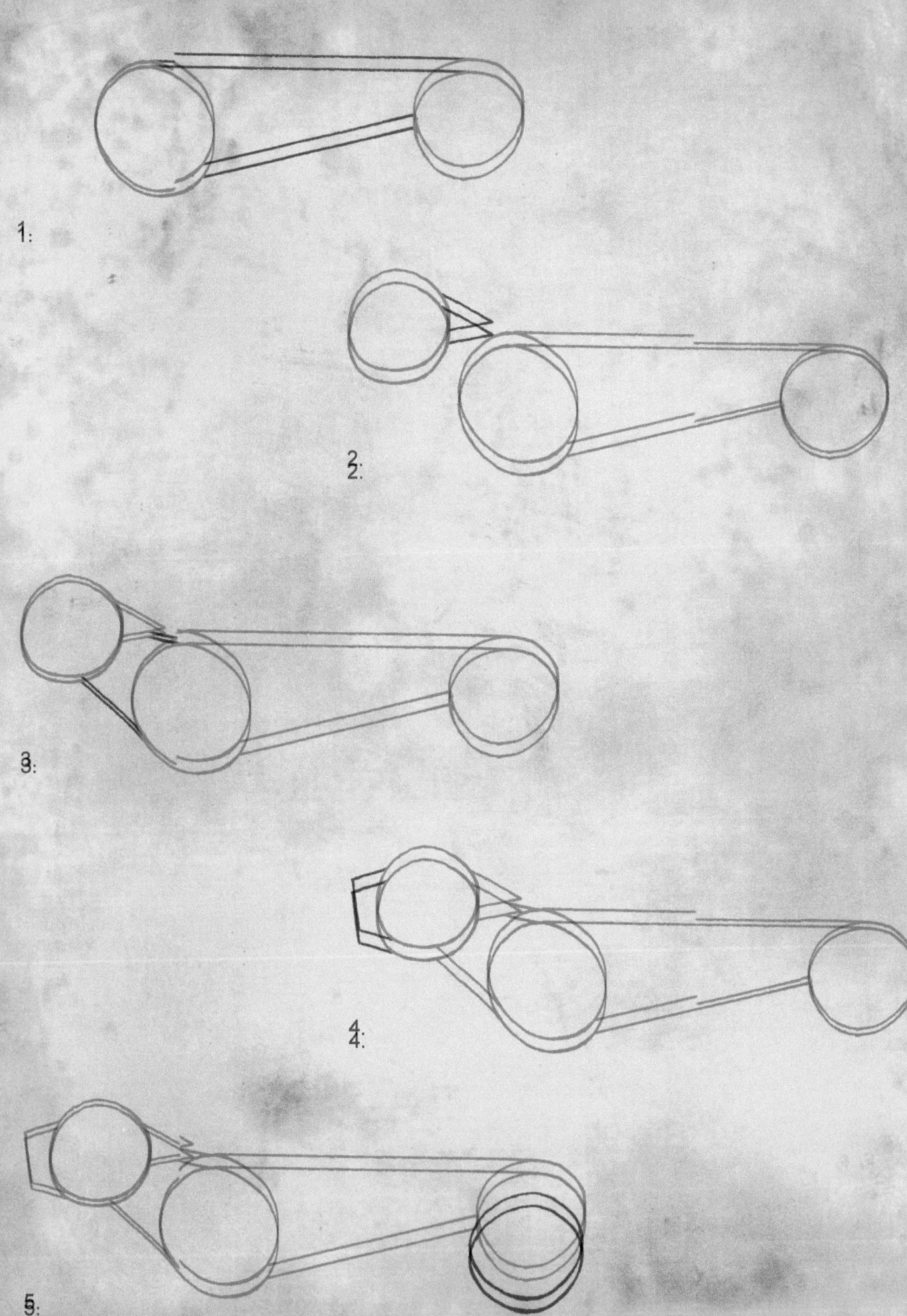

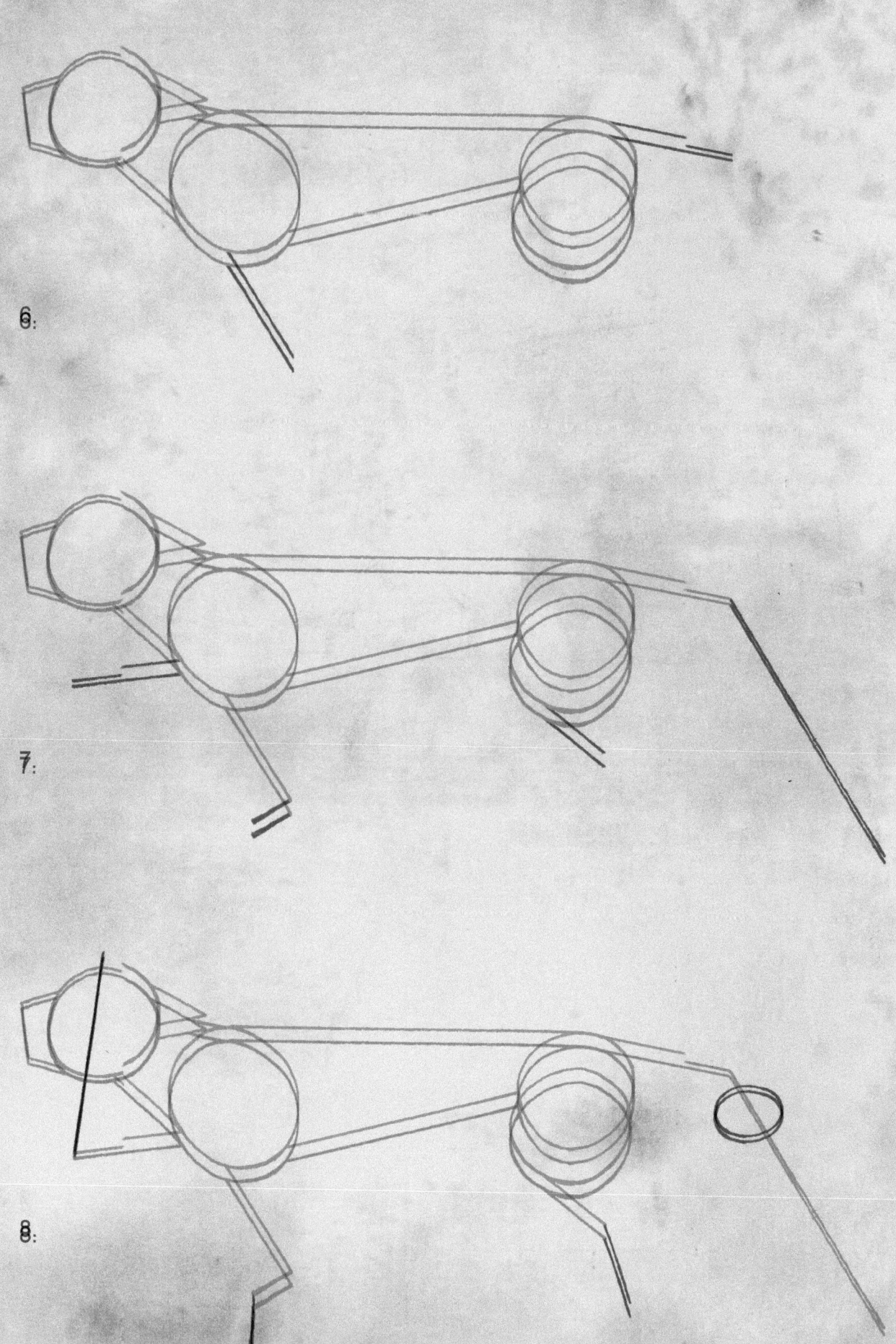

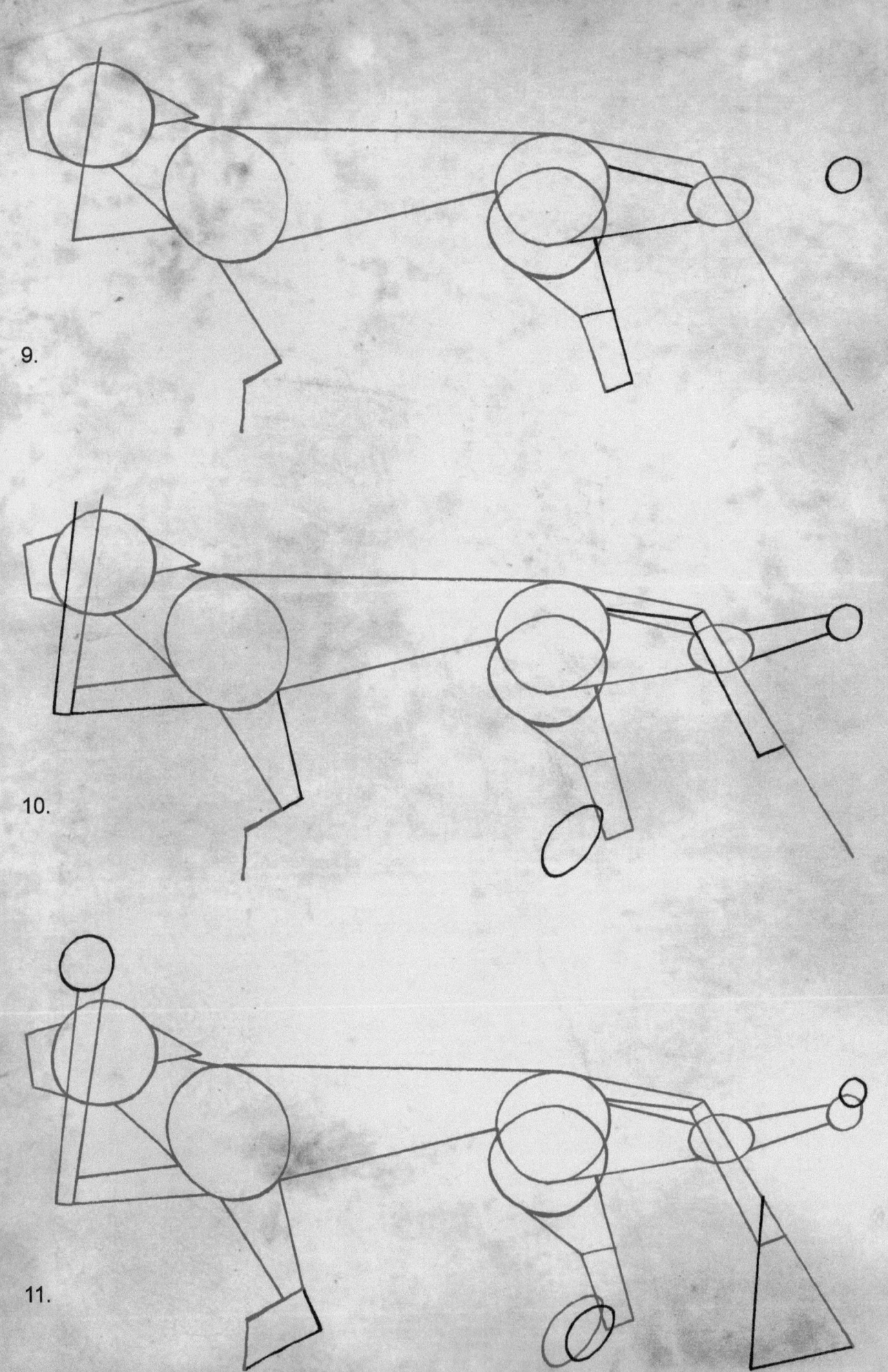

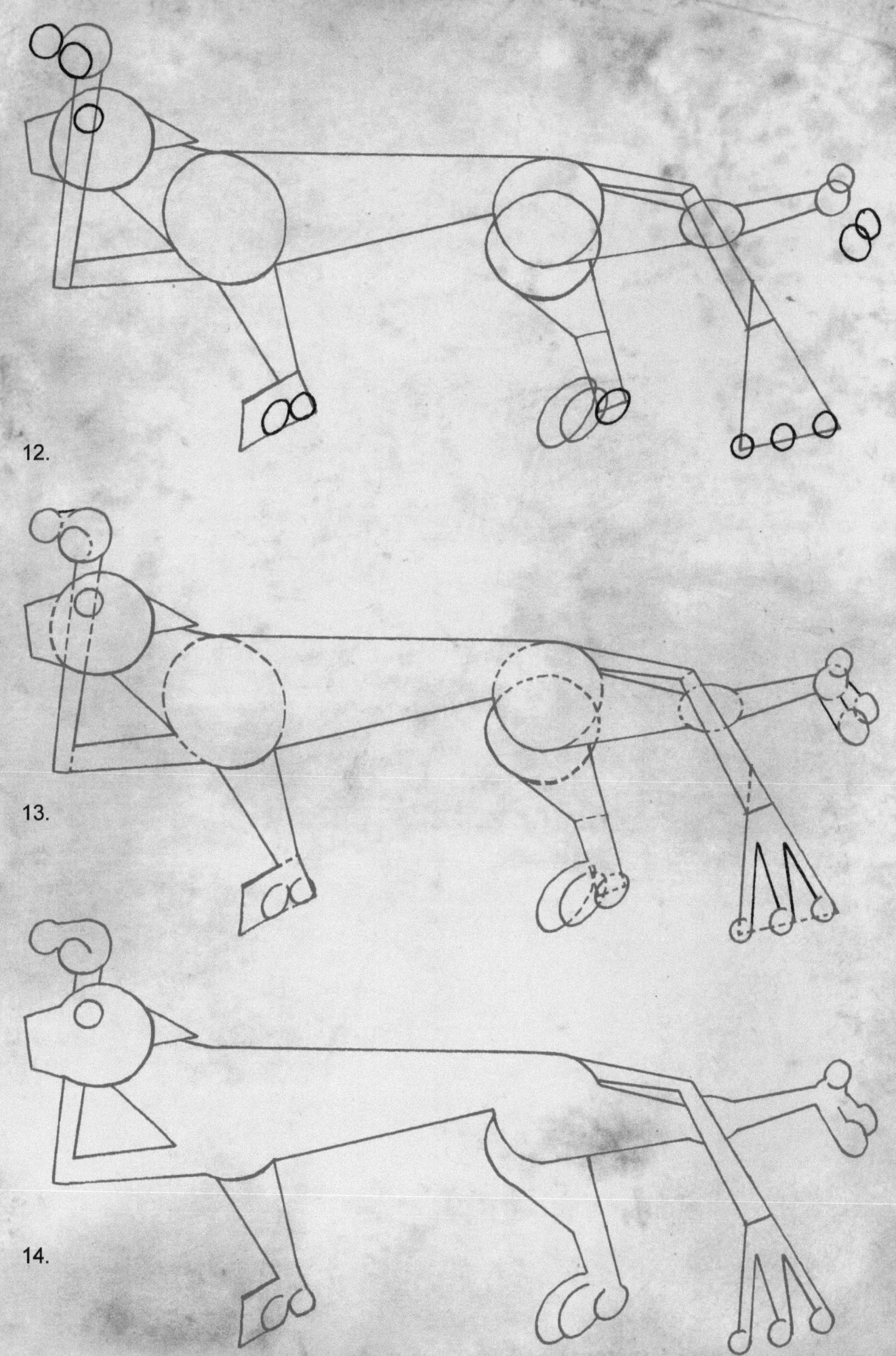

12.

13.

14.

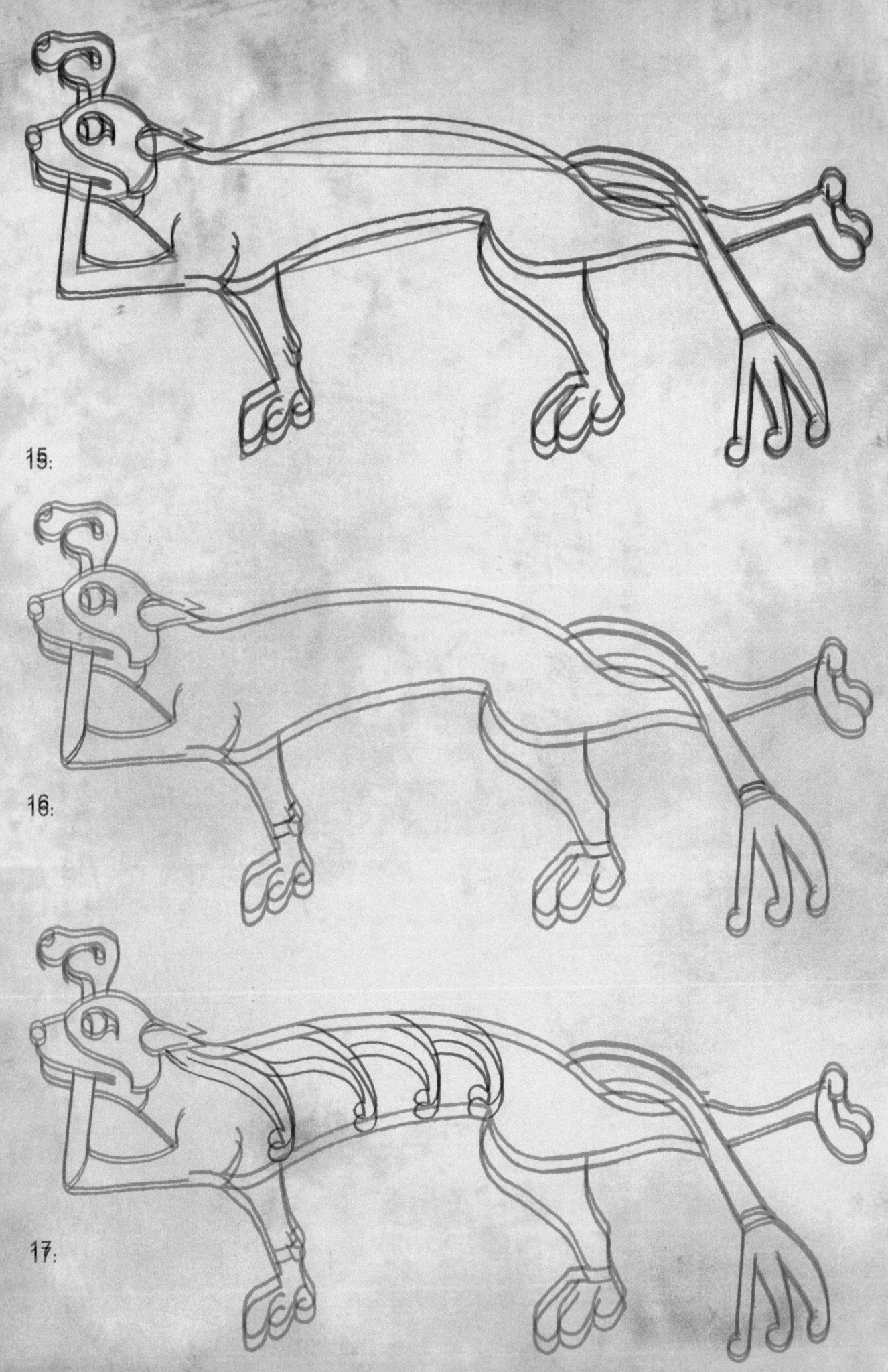

15:

16:

17:

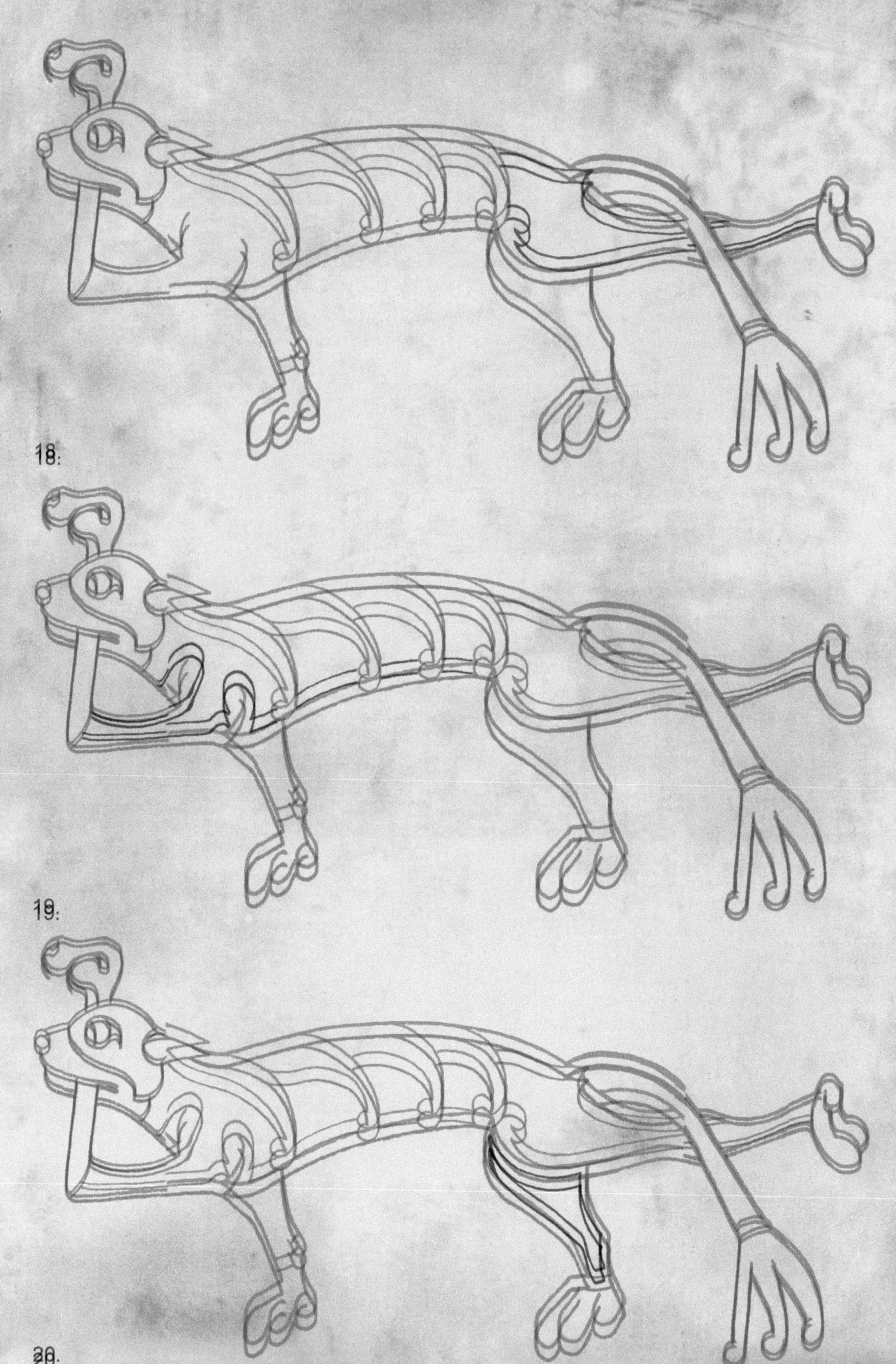

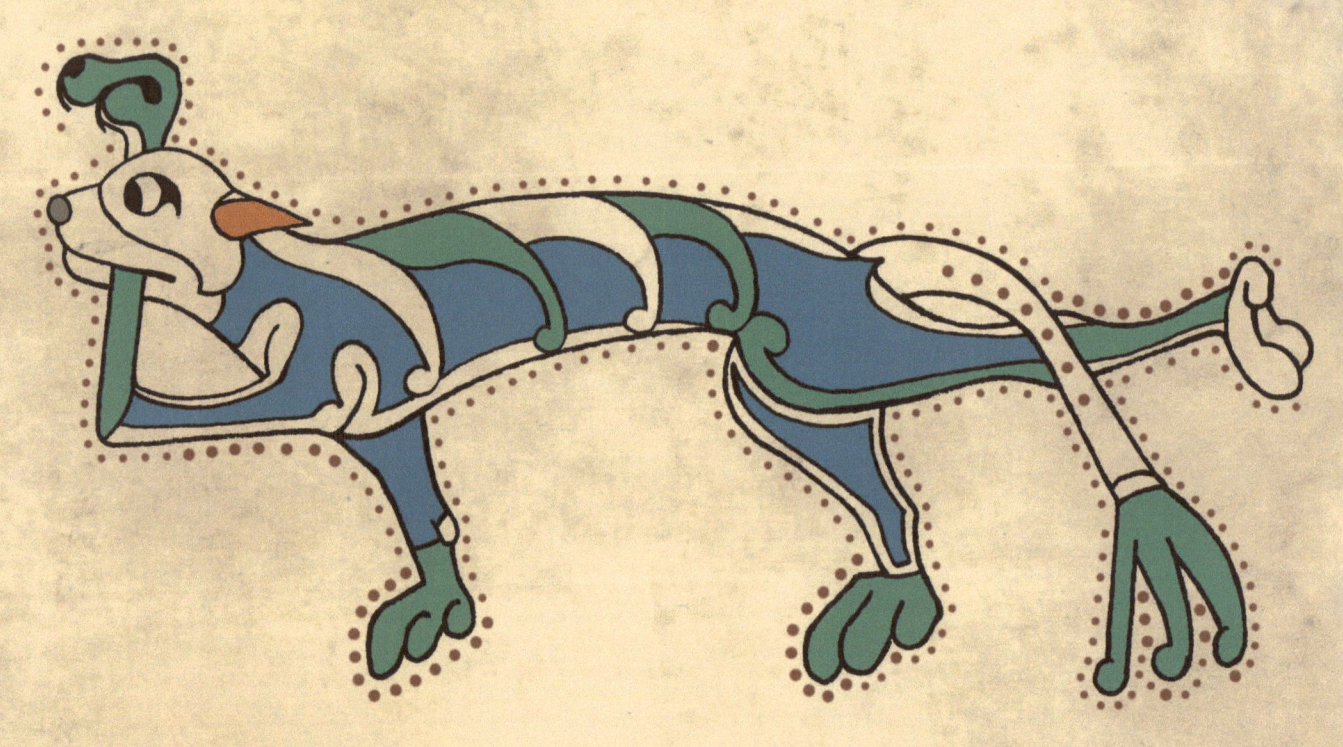

cf. Folio 68r

1.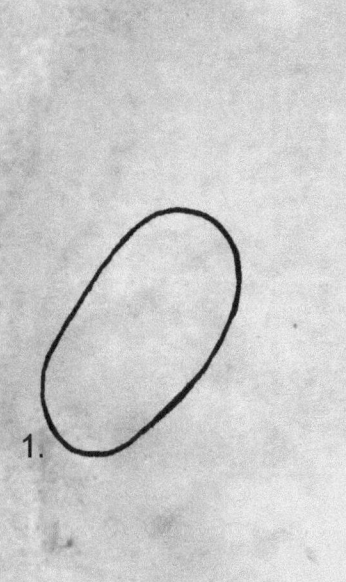
2.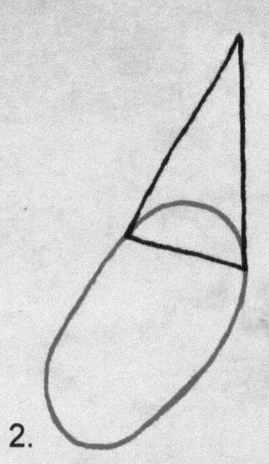
3.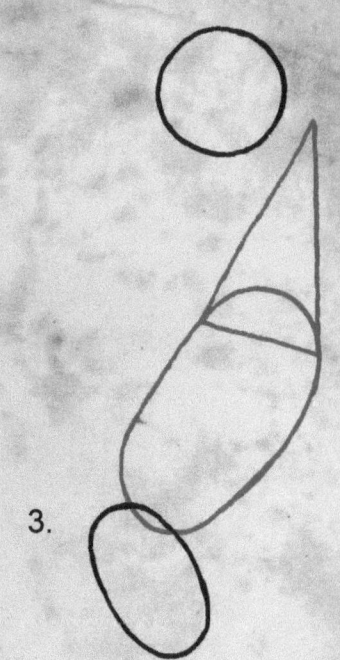
4.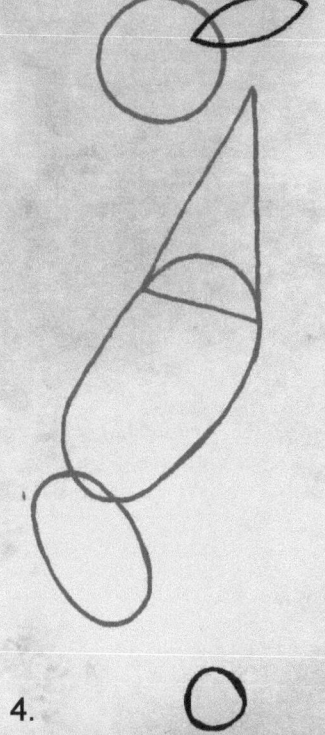
5.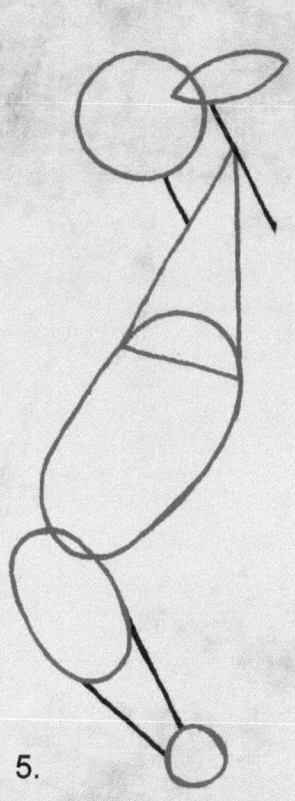
6.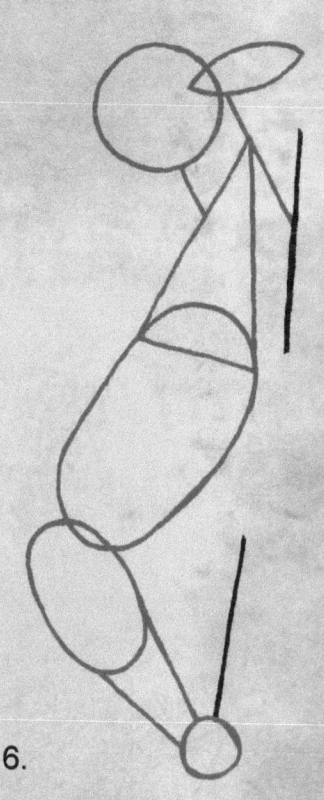

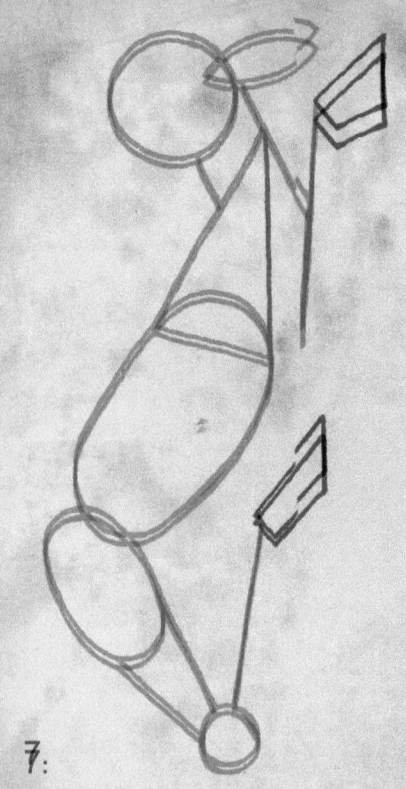

7:

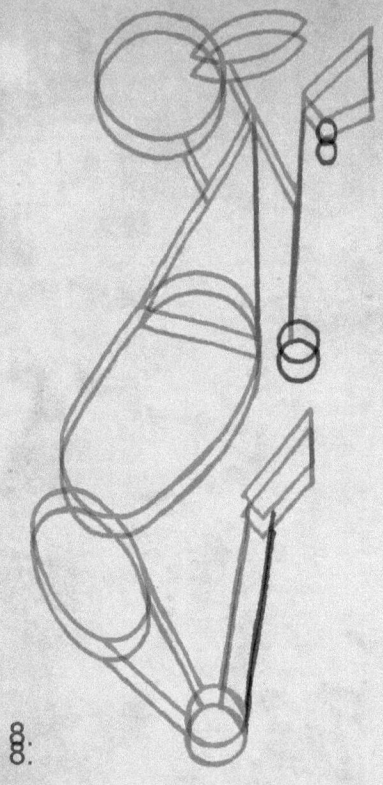

8:

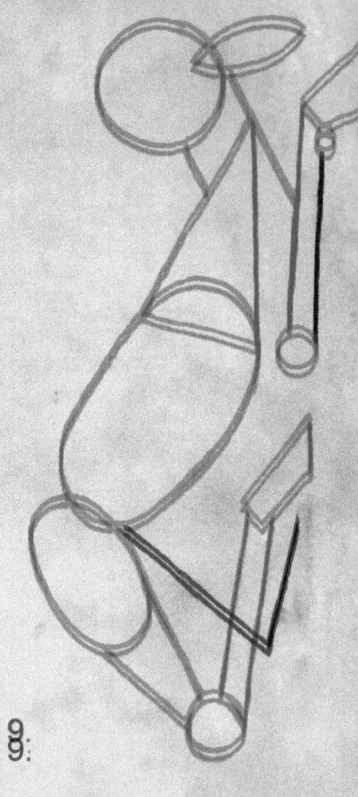

9:

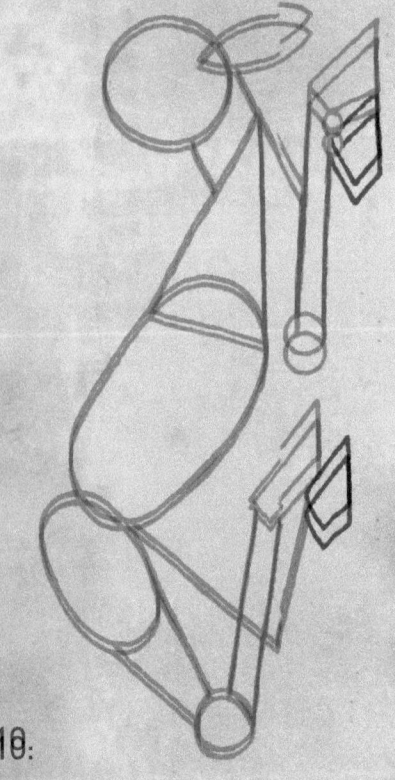

10:

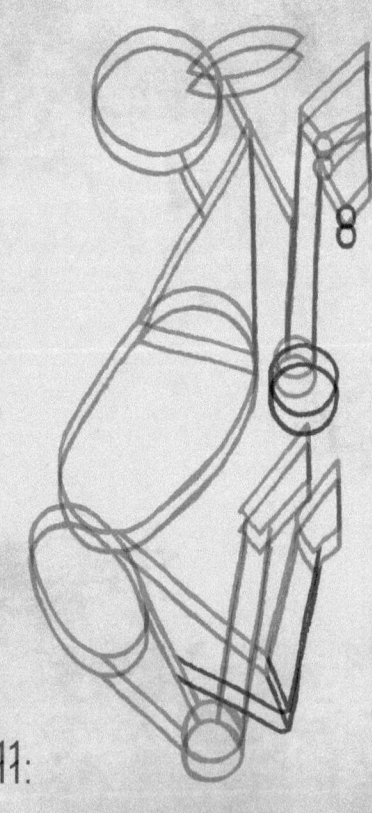

11:

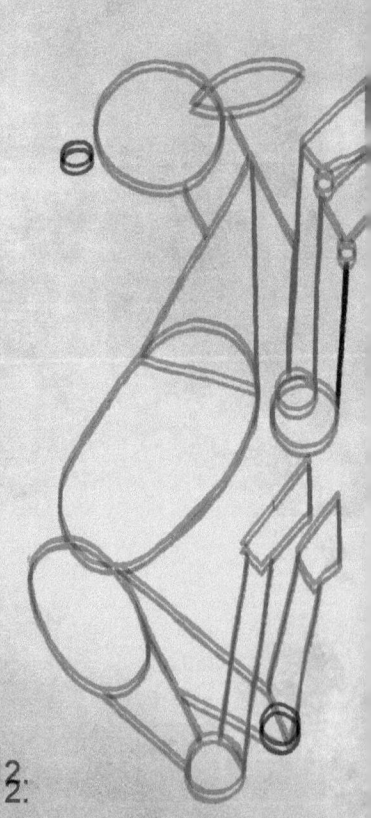

12:

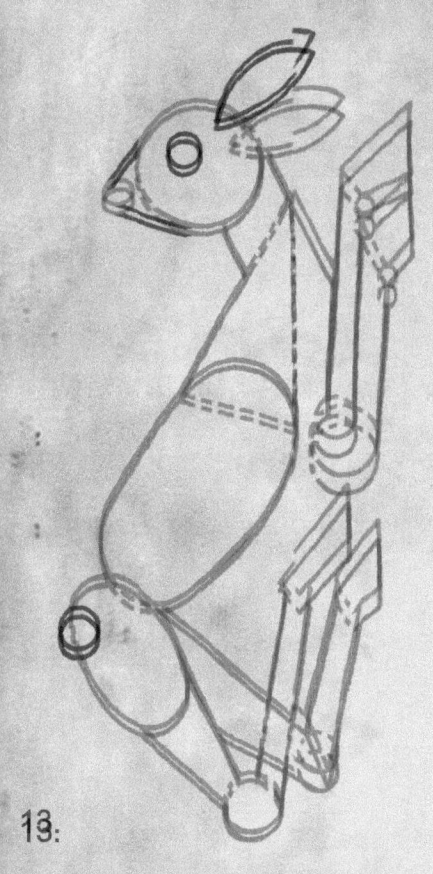

13.

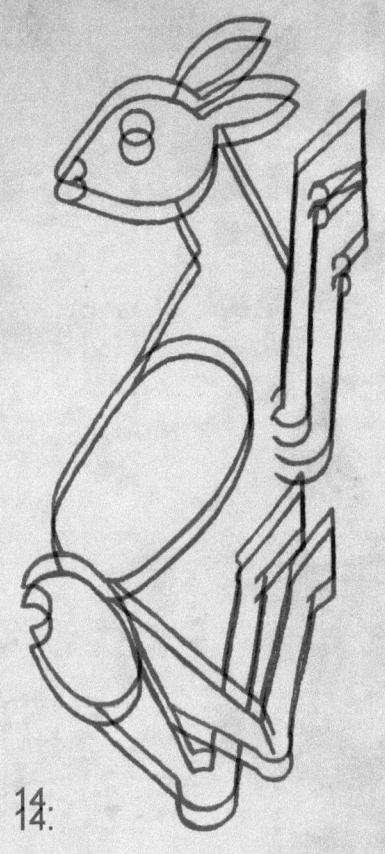

14.

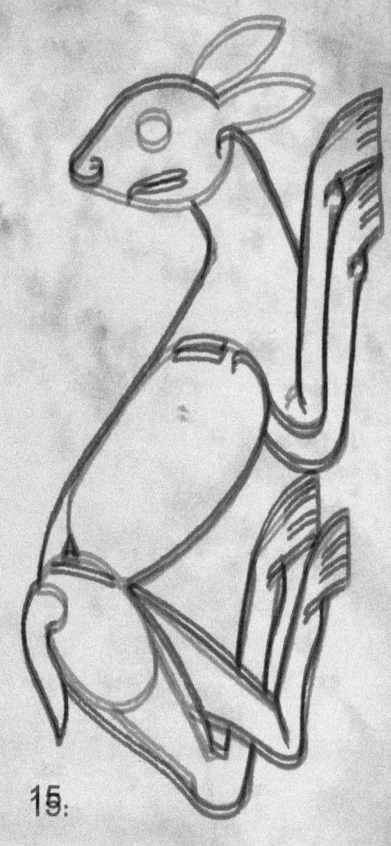

15.

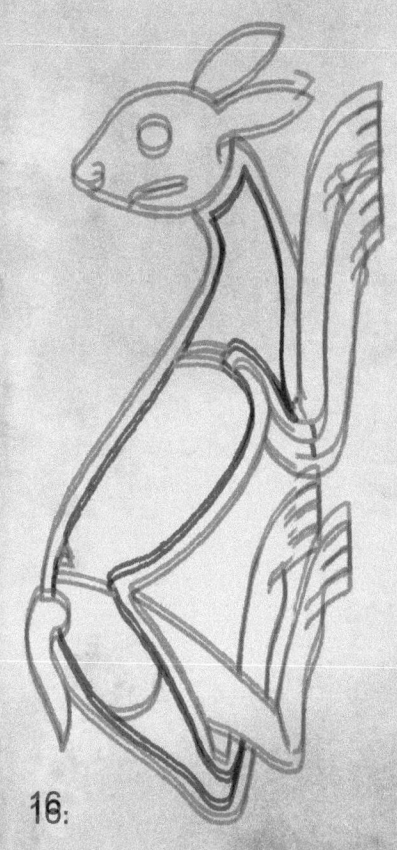

16.

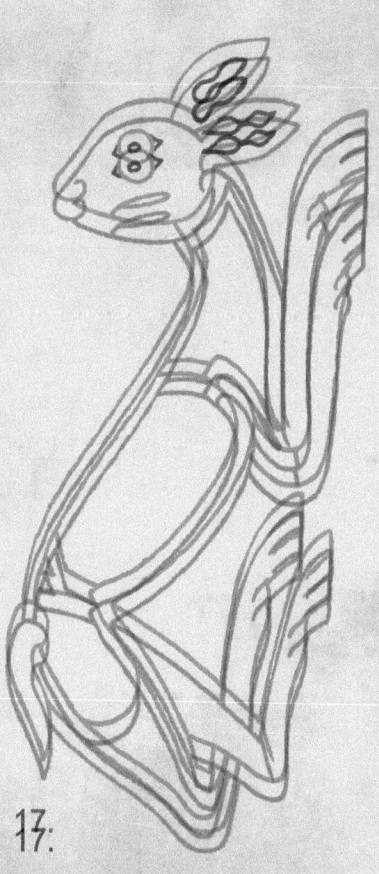

17.

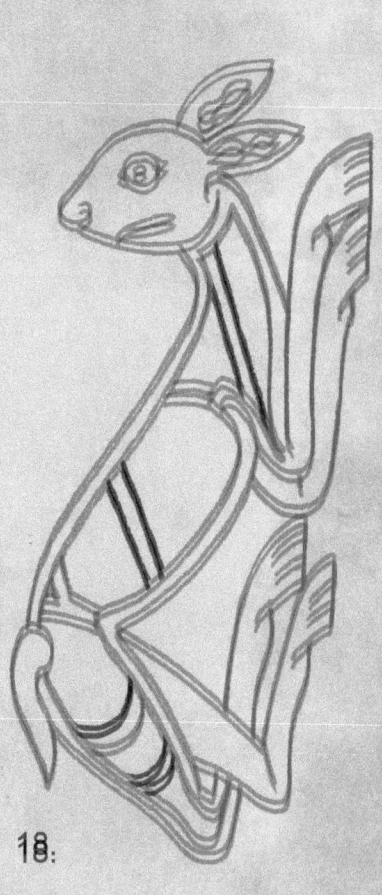

18.

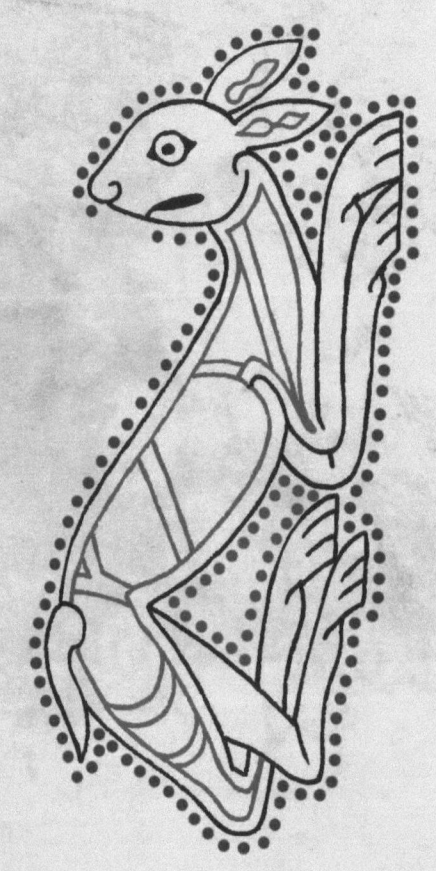

cf. Folio 48r

1.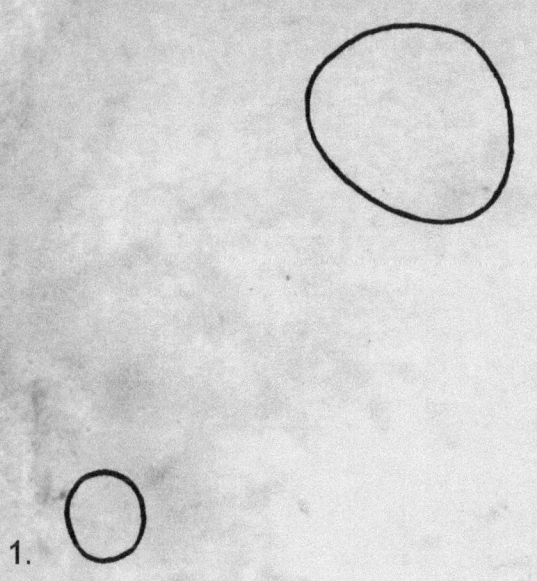

2.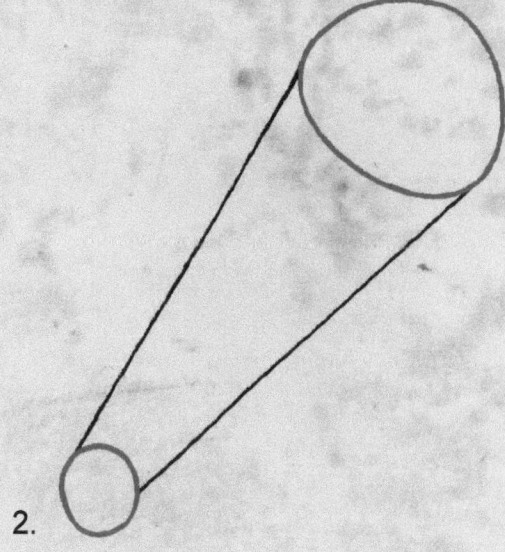

3.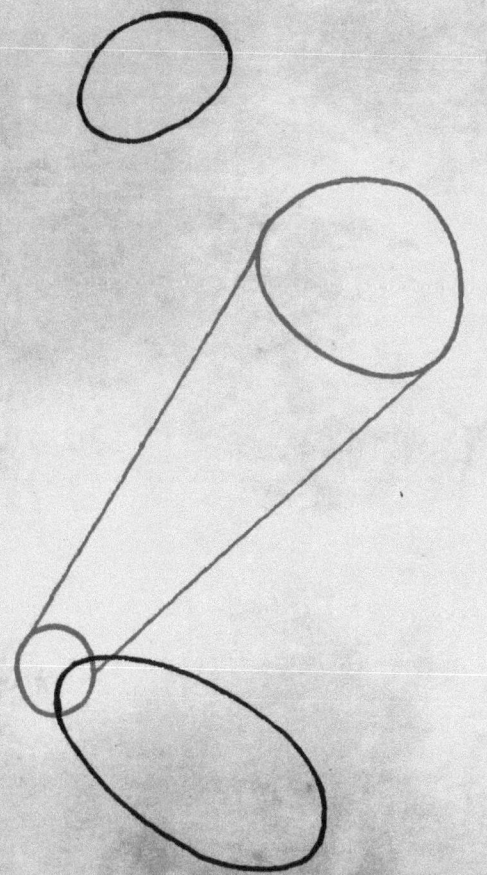

4.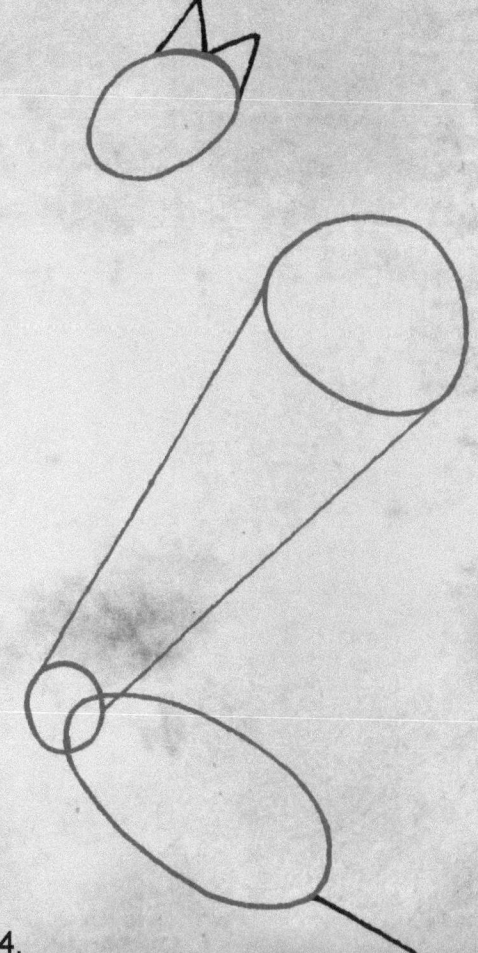

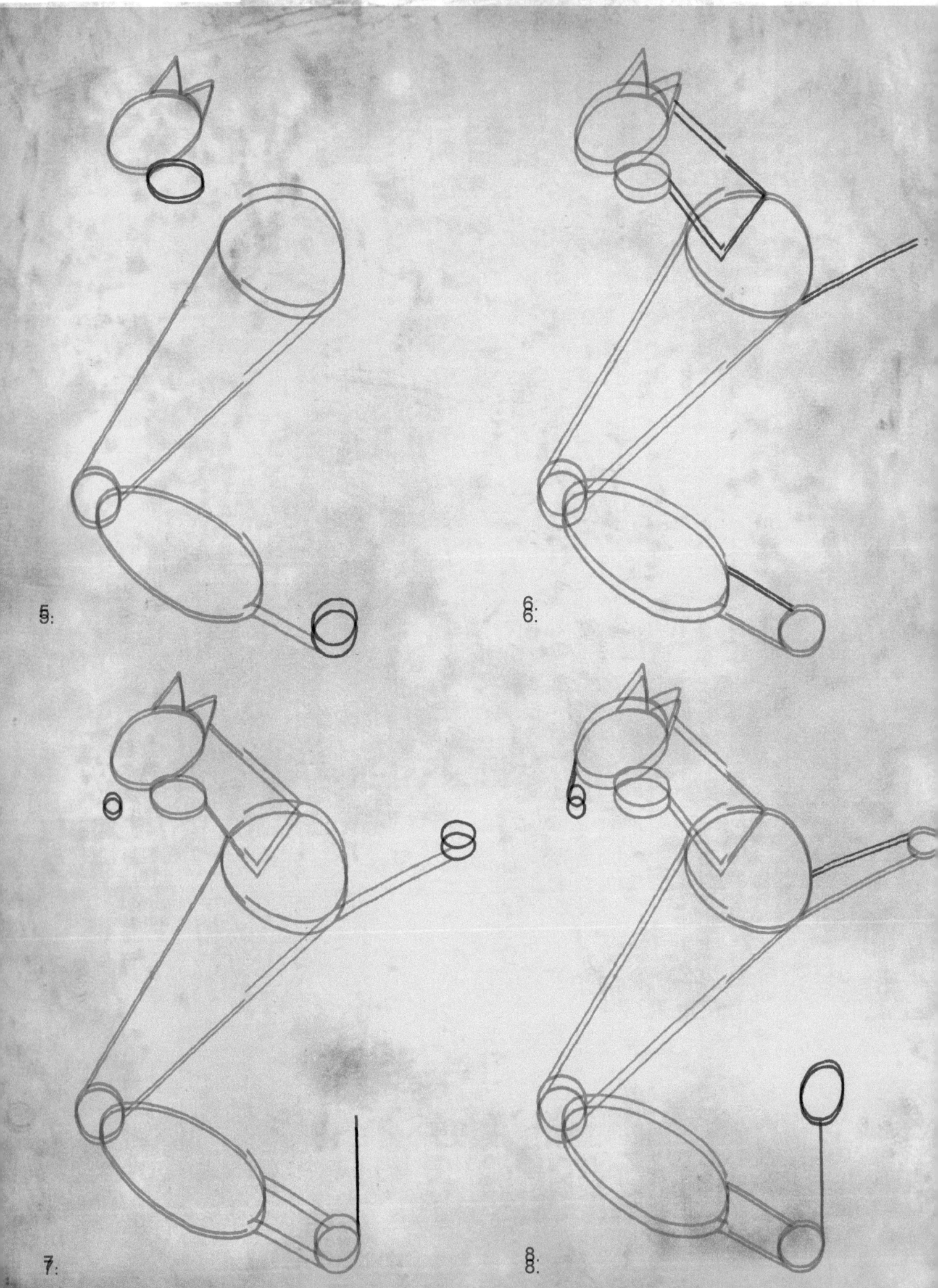

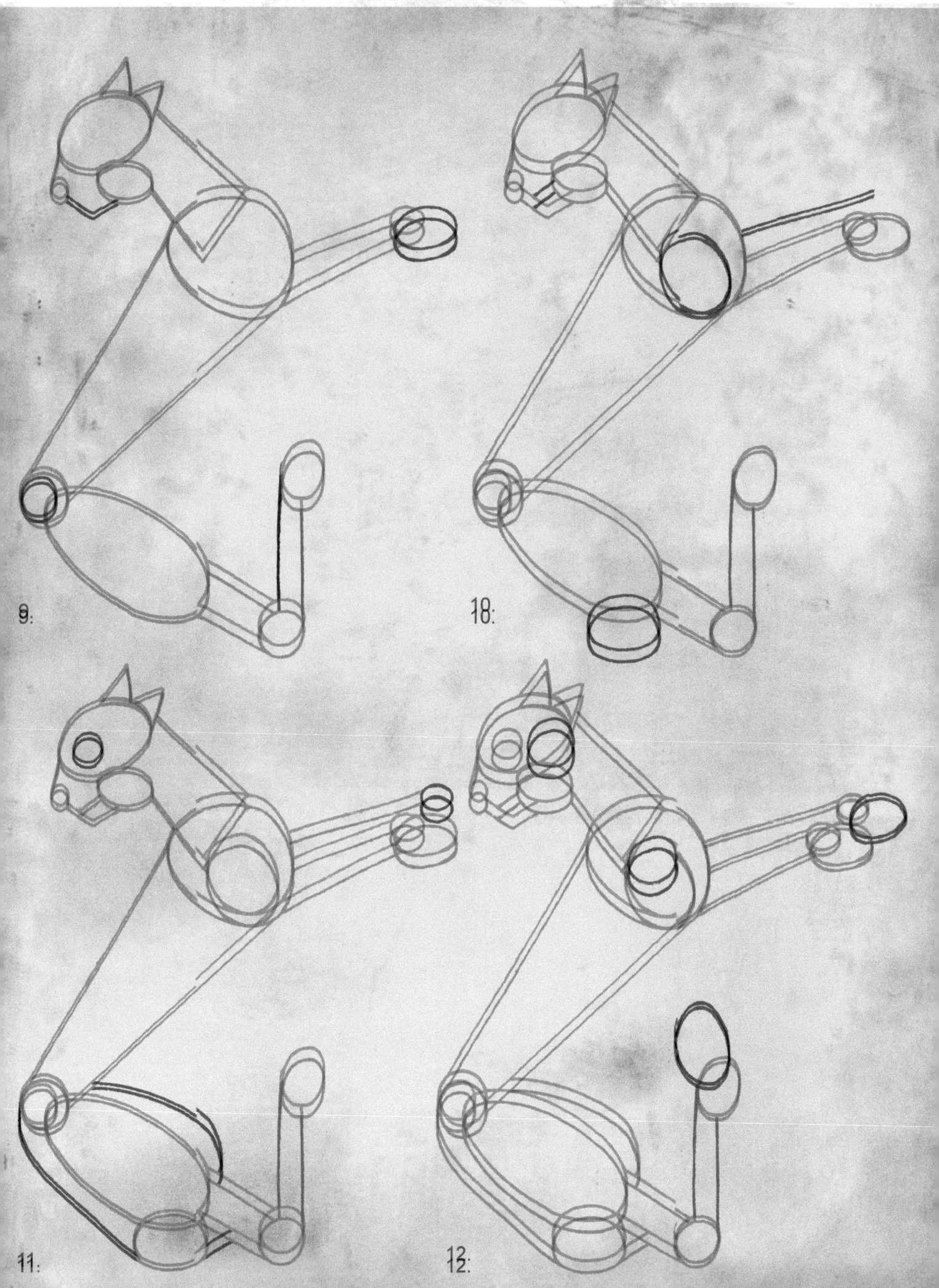

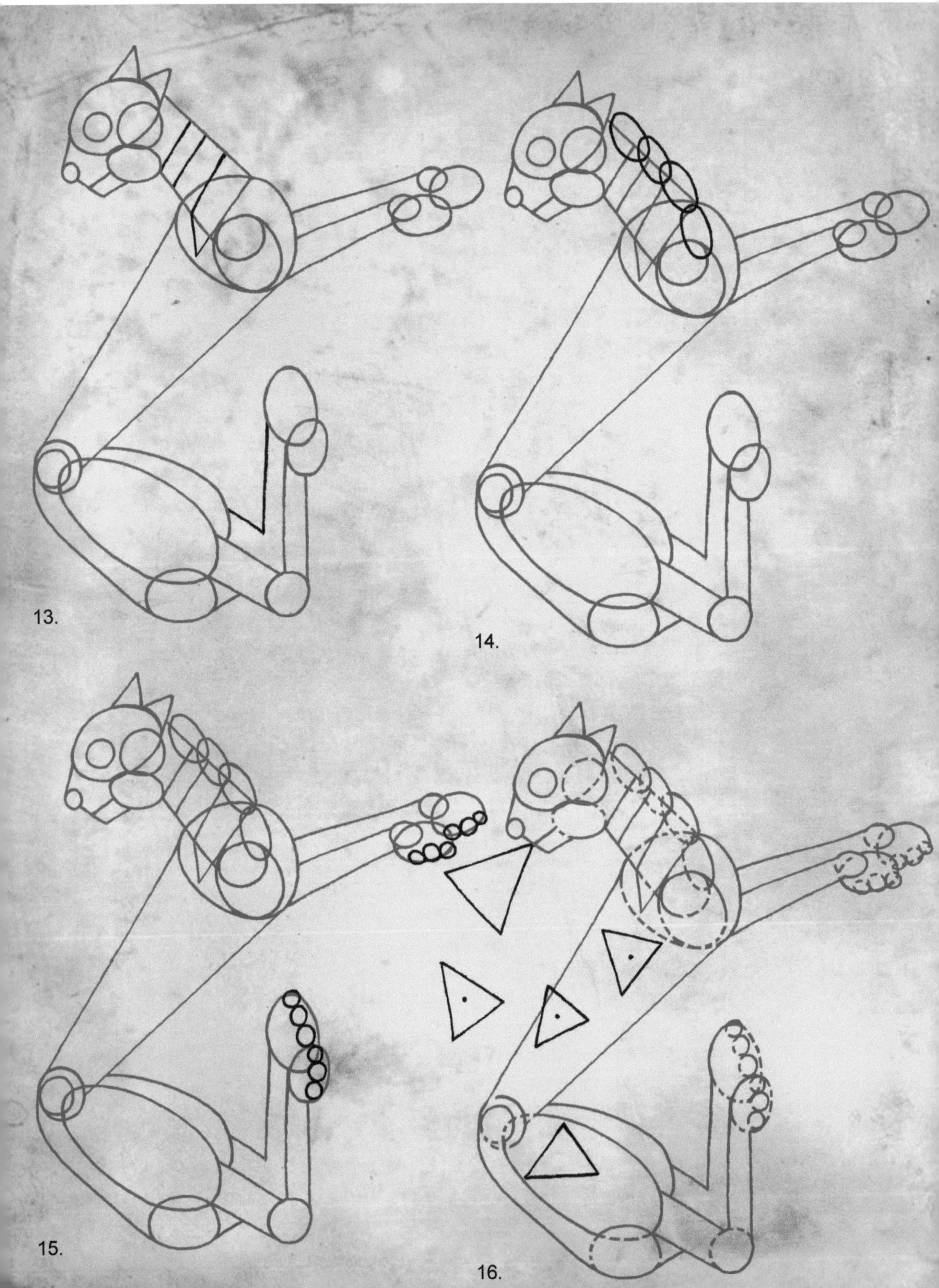

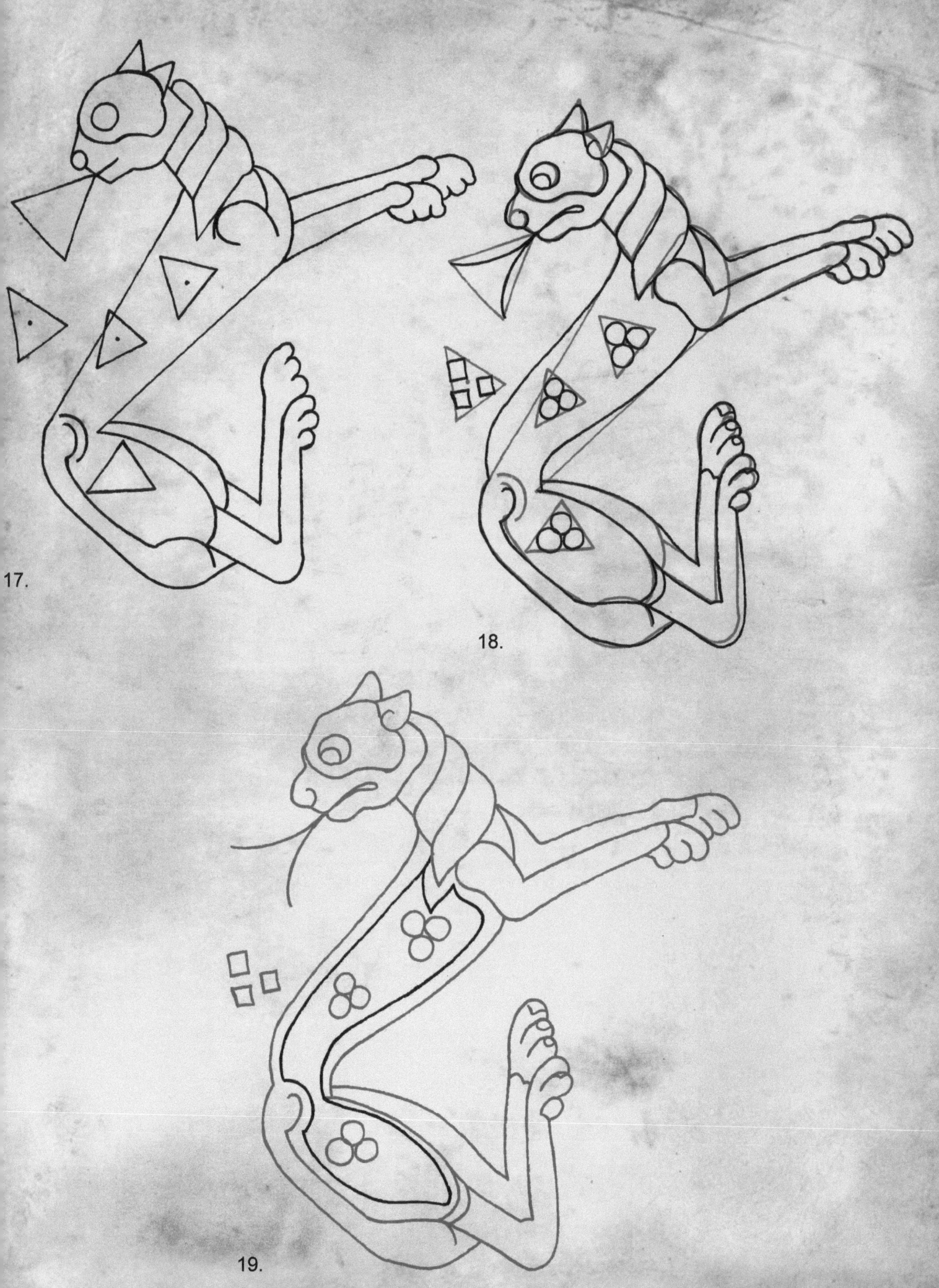

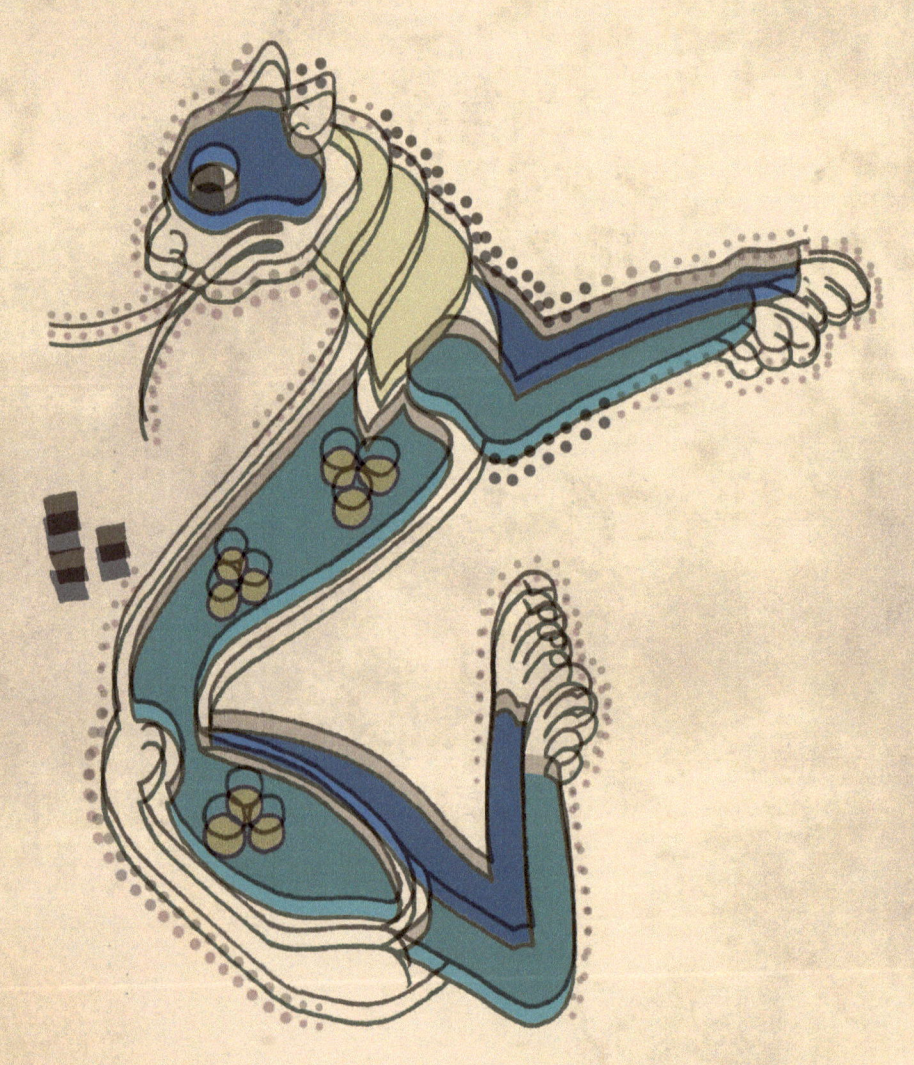

cf. Folio 71v

1:
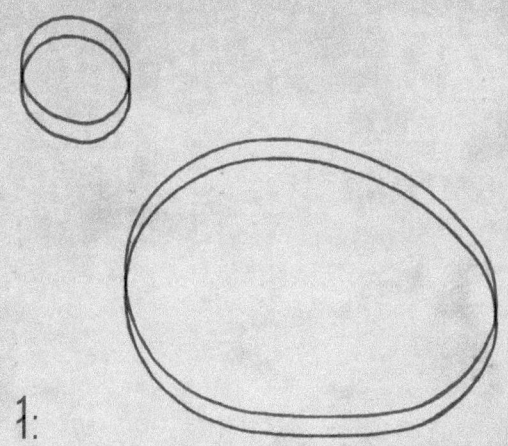

2:
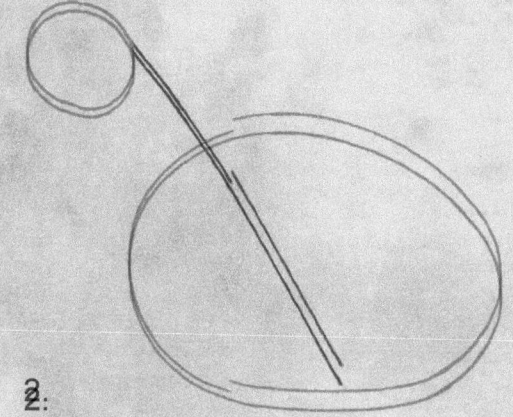

3:
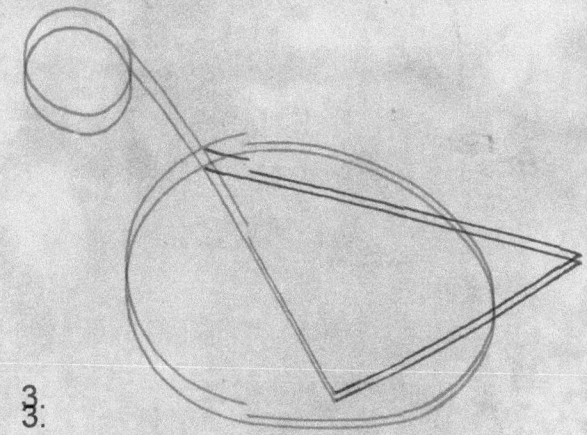

4:
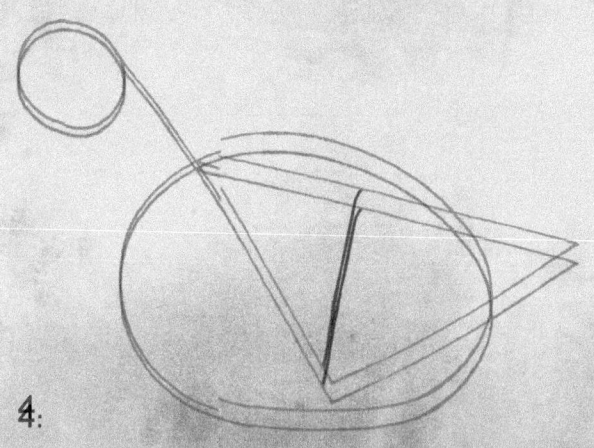

5:
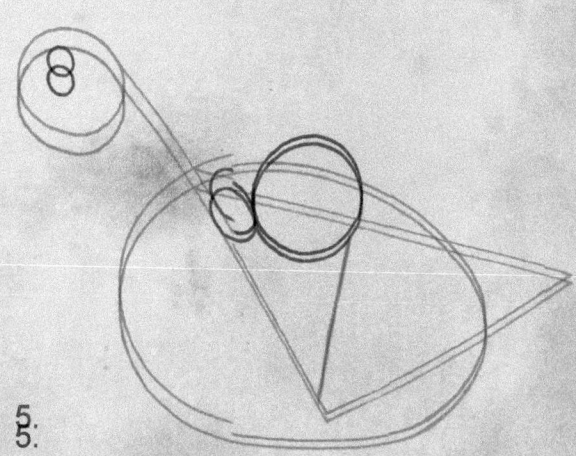

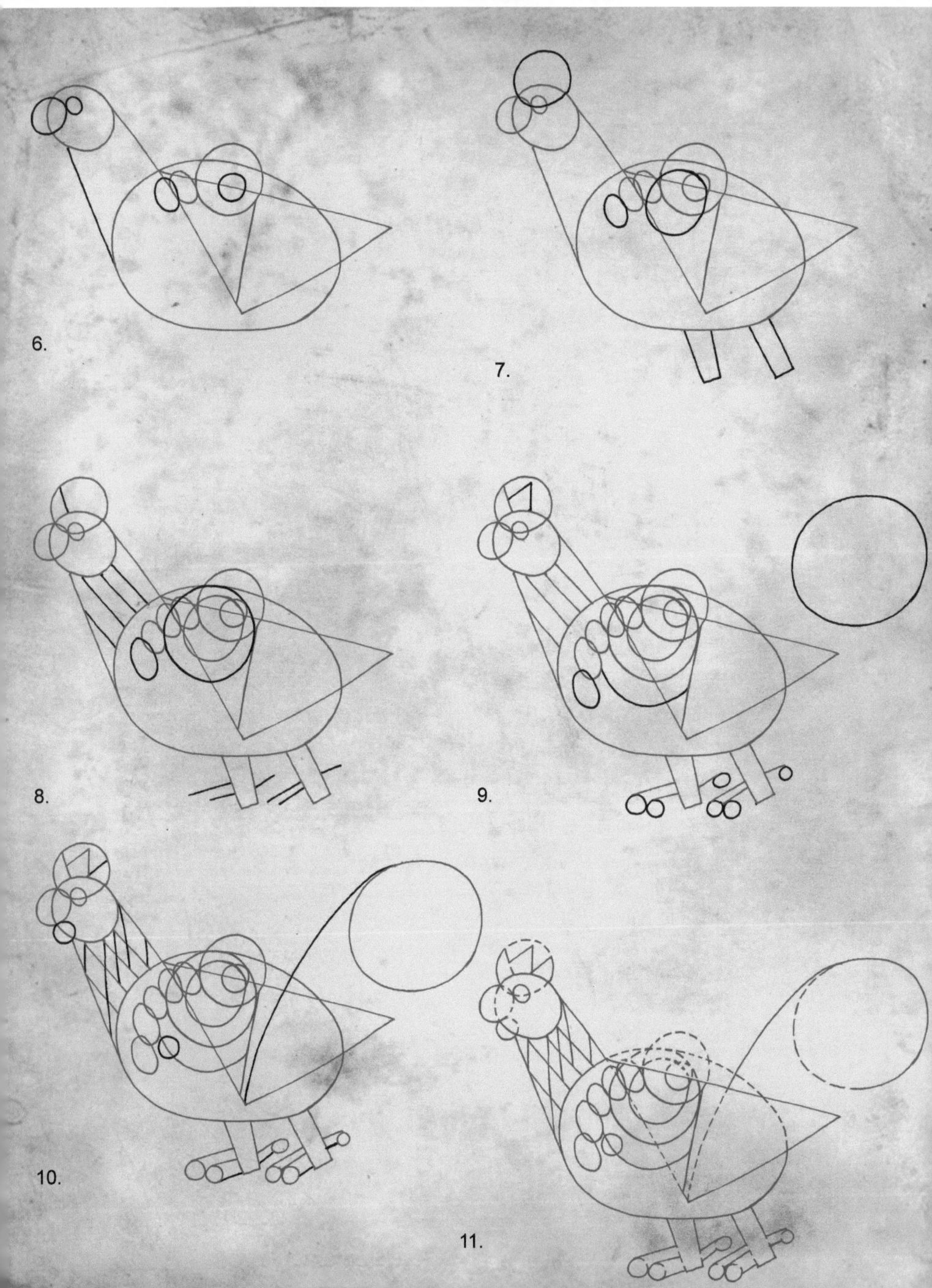

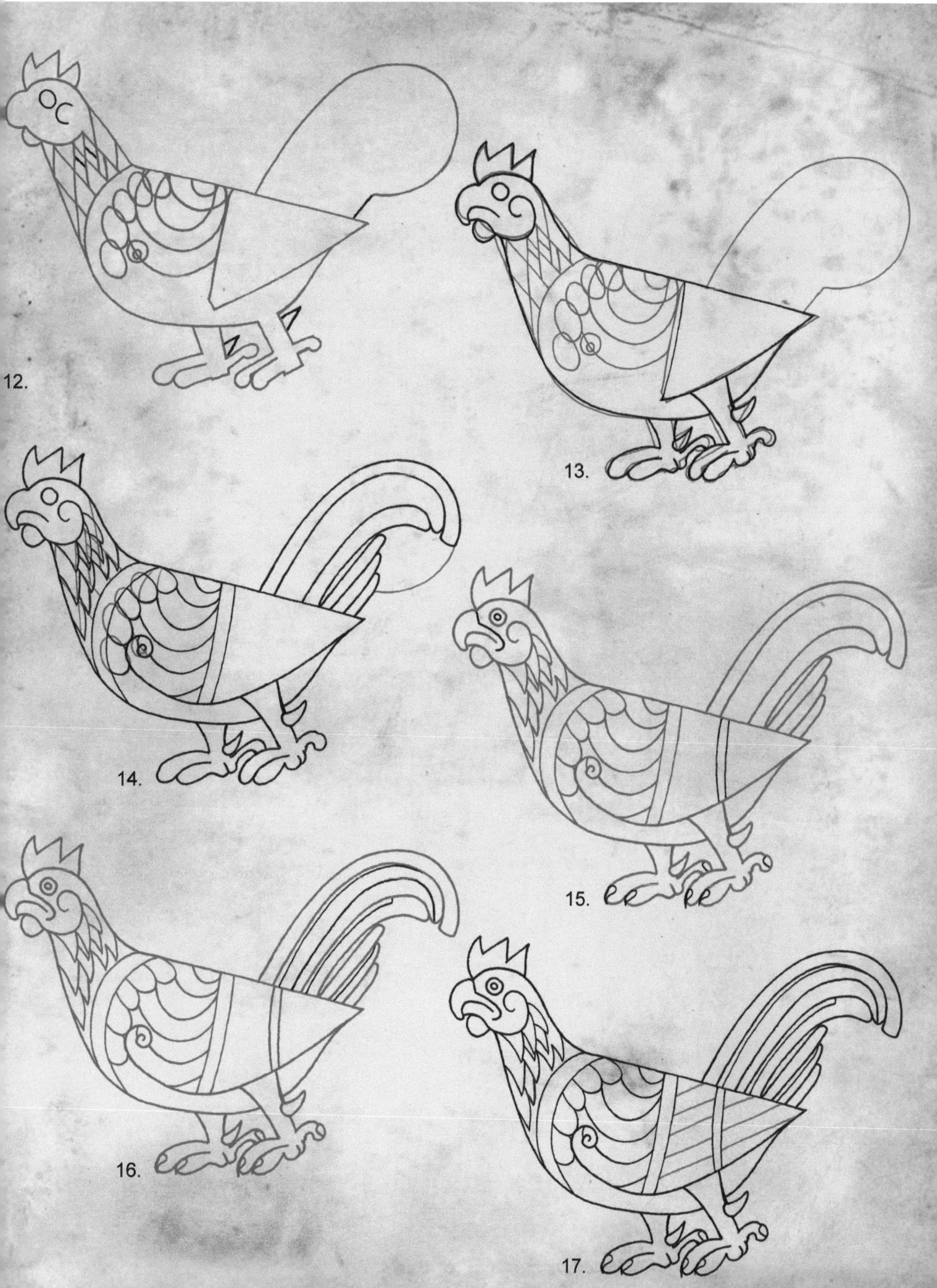

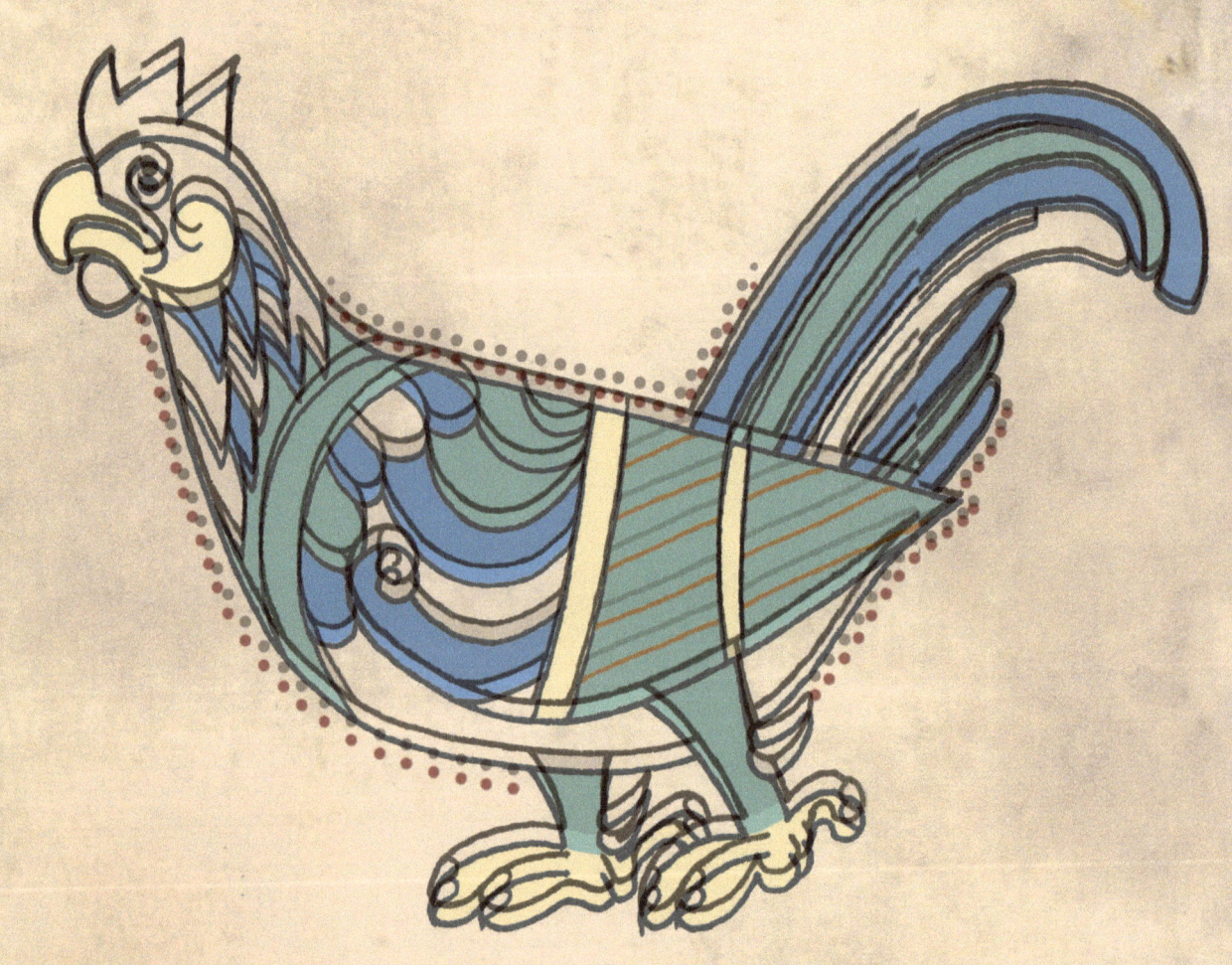

cf. Folio 67r

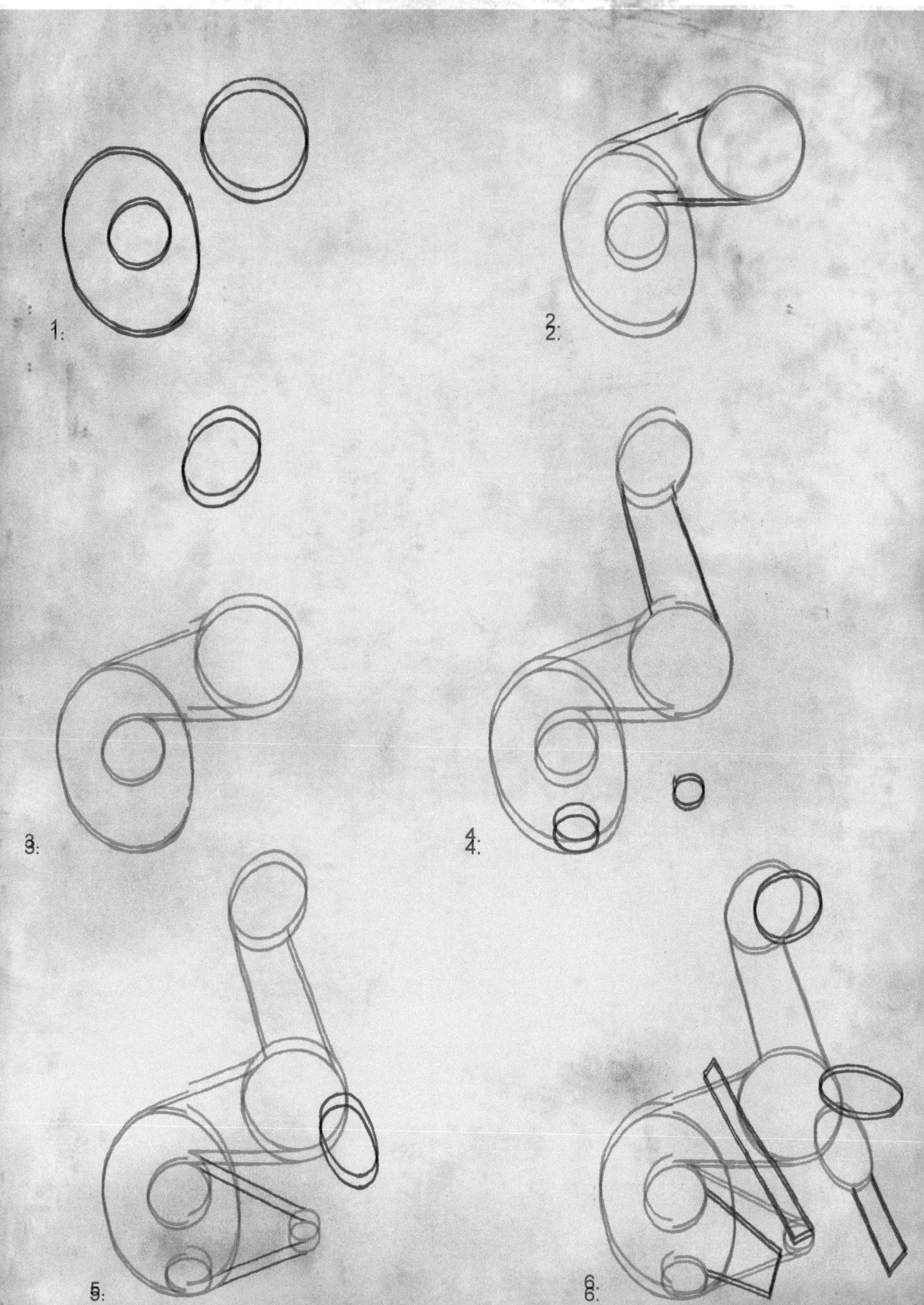

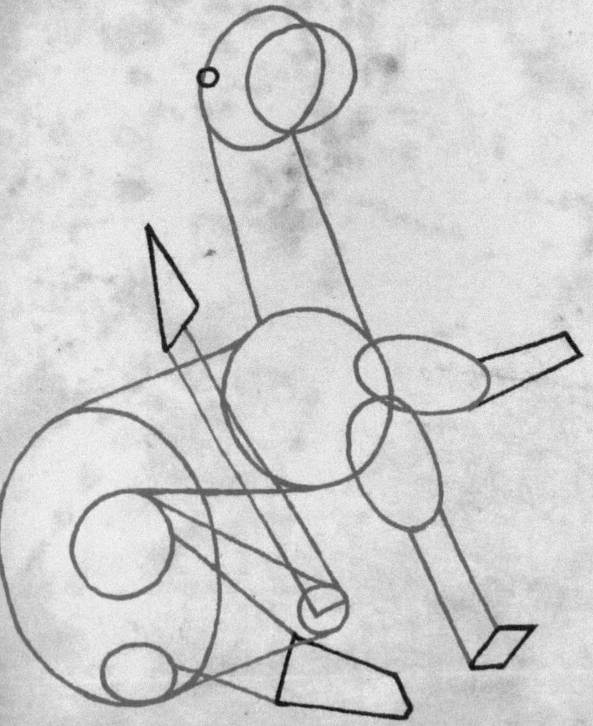

7.

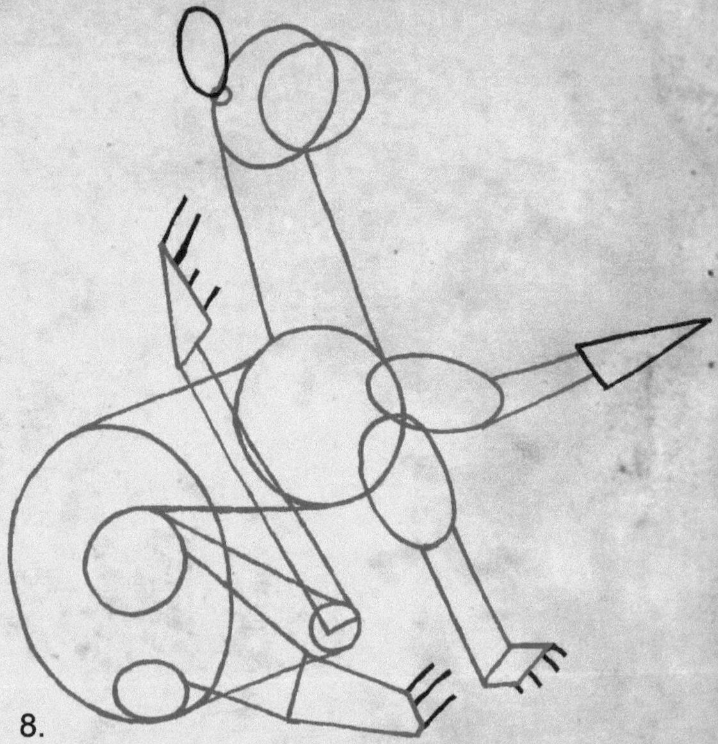

8.

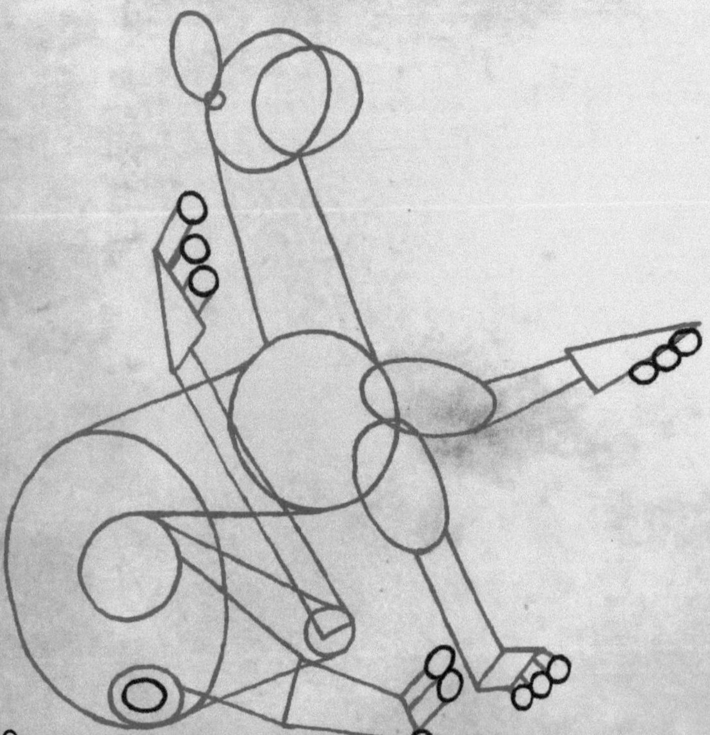

9.

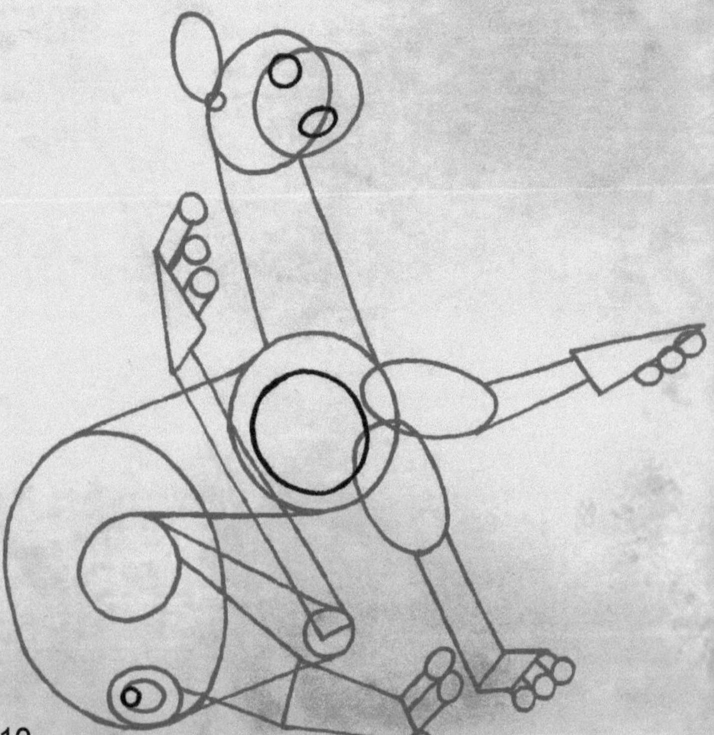

10.

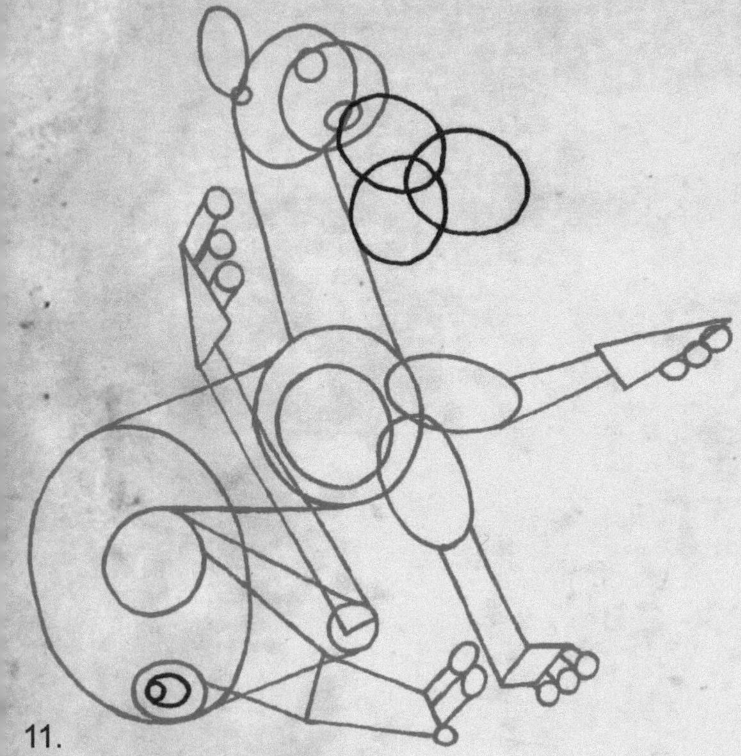

11.

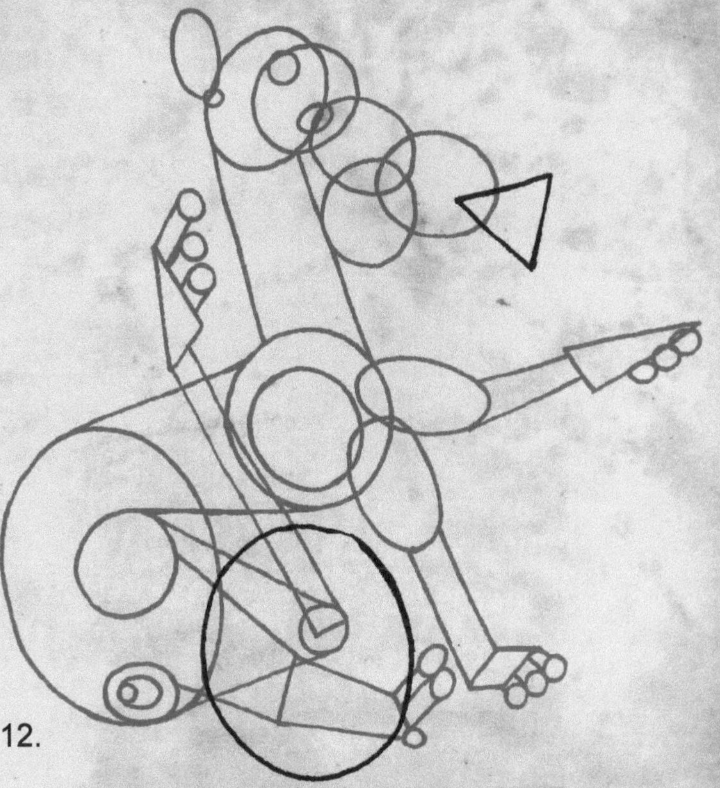

12.

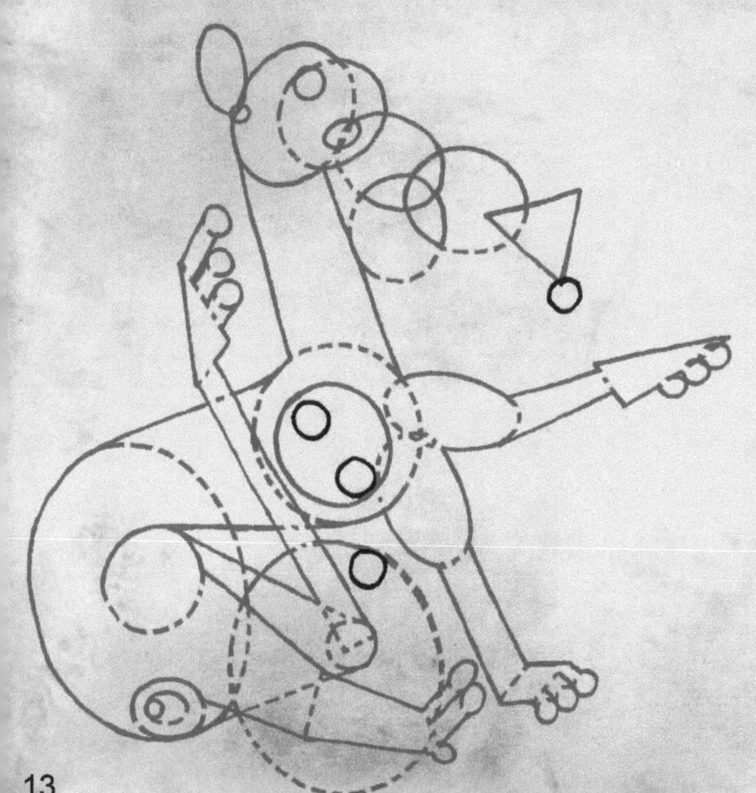

13.

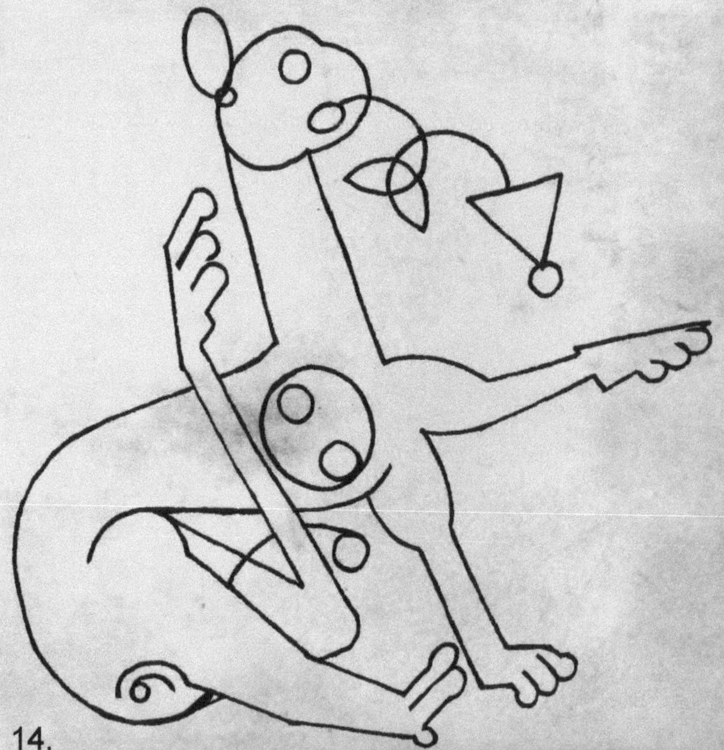

14.

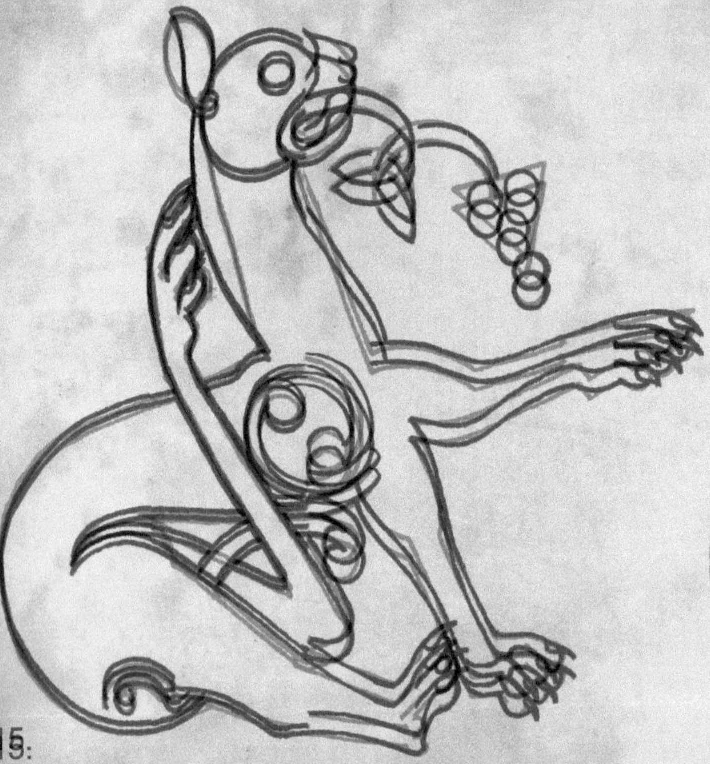

15:

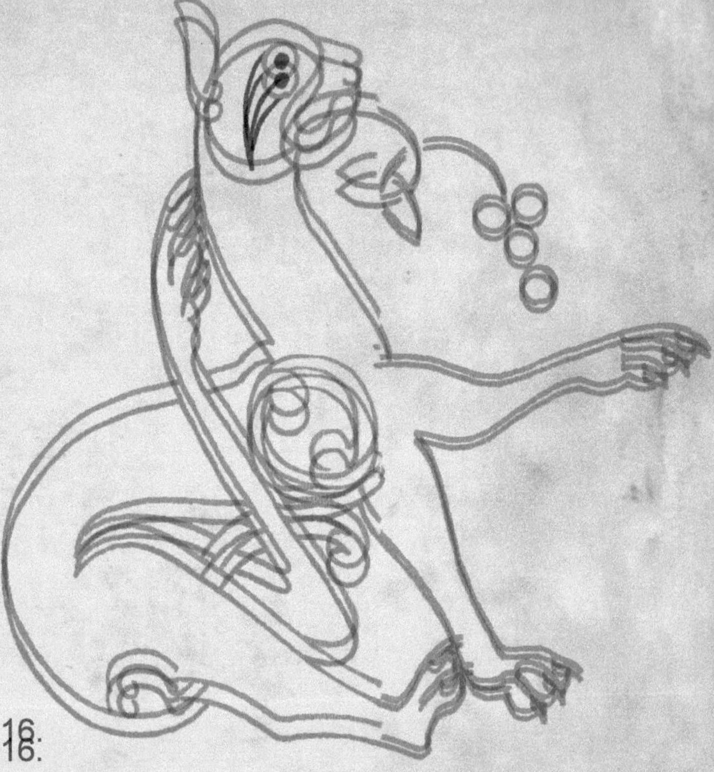

16:

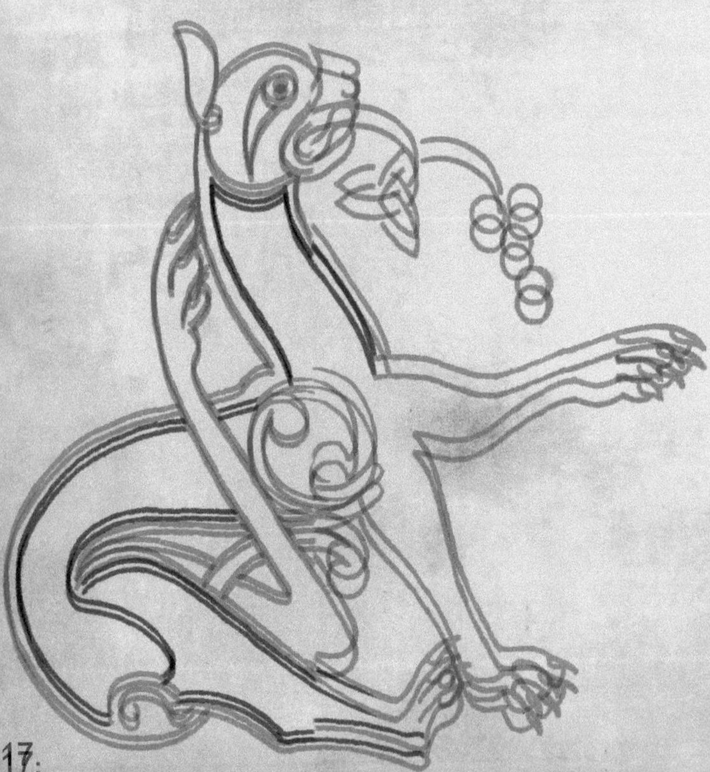

17:

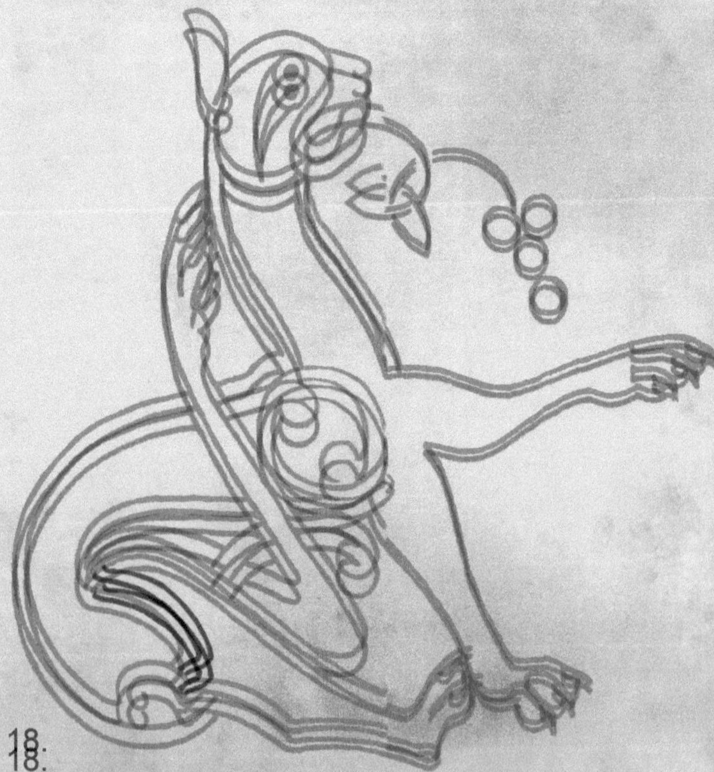

18:

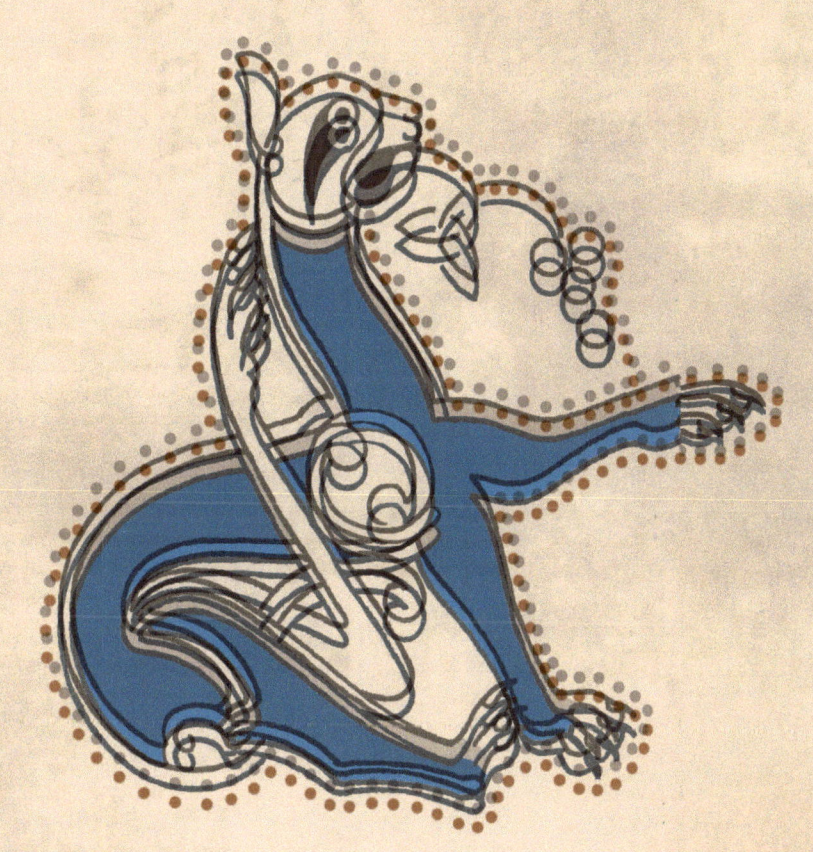

cf. Folio 71r

1.

2.

3.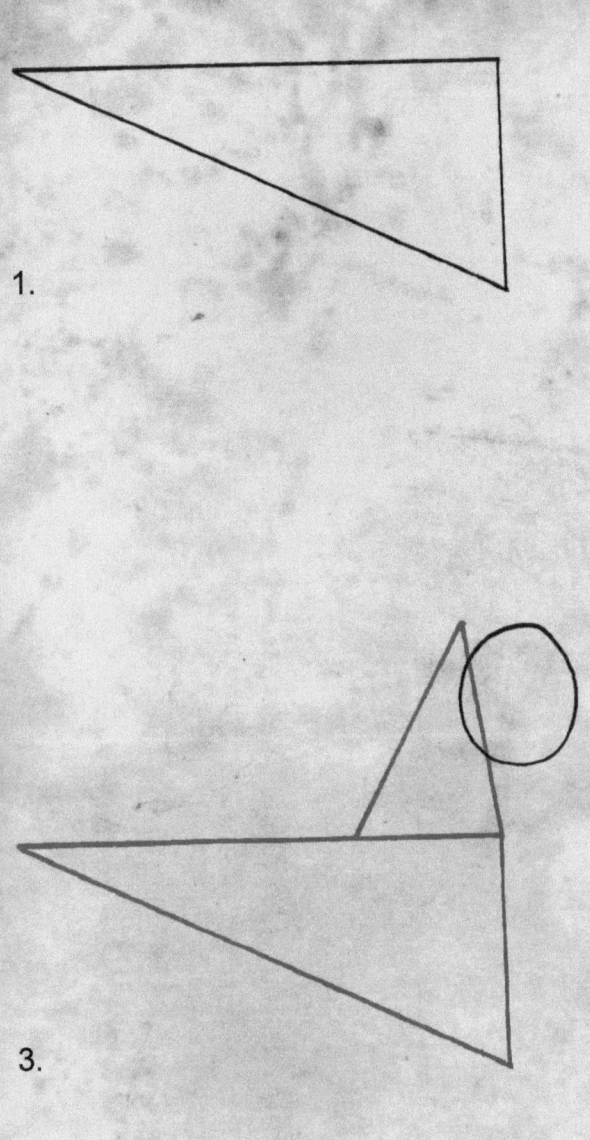

4.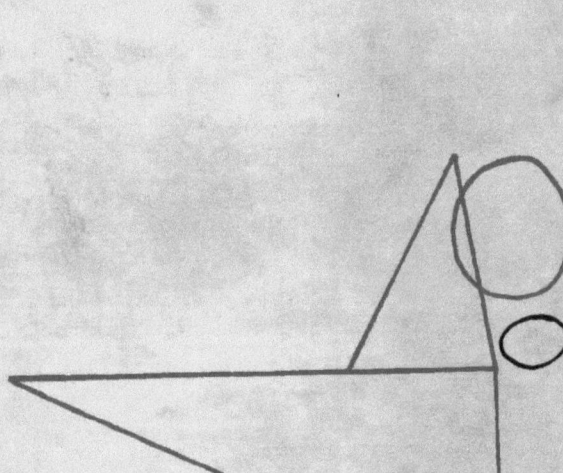

5.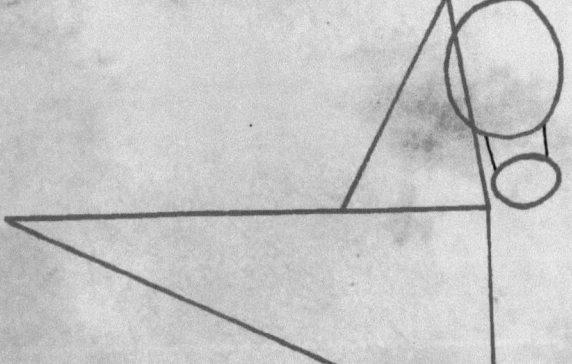

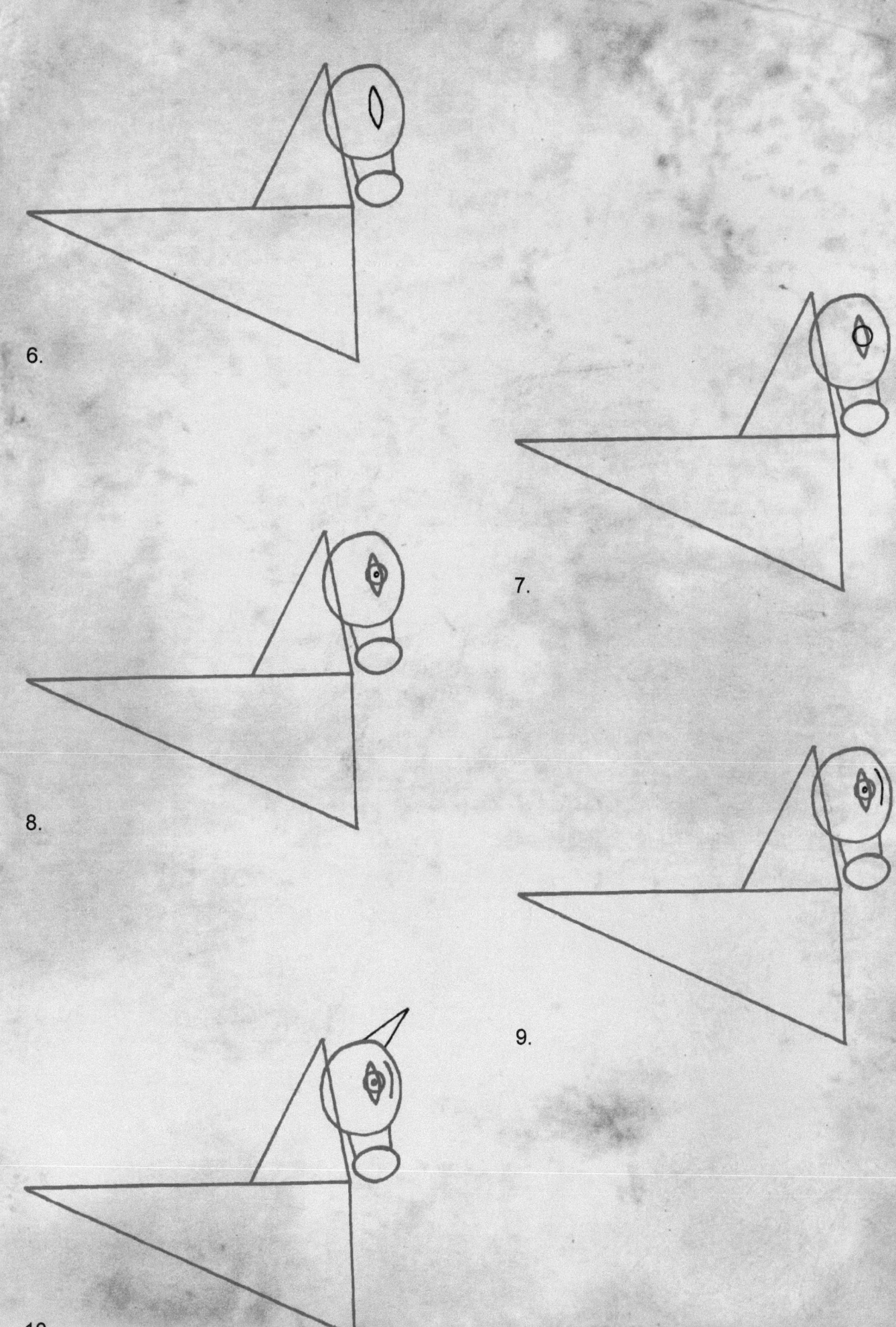

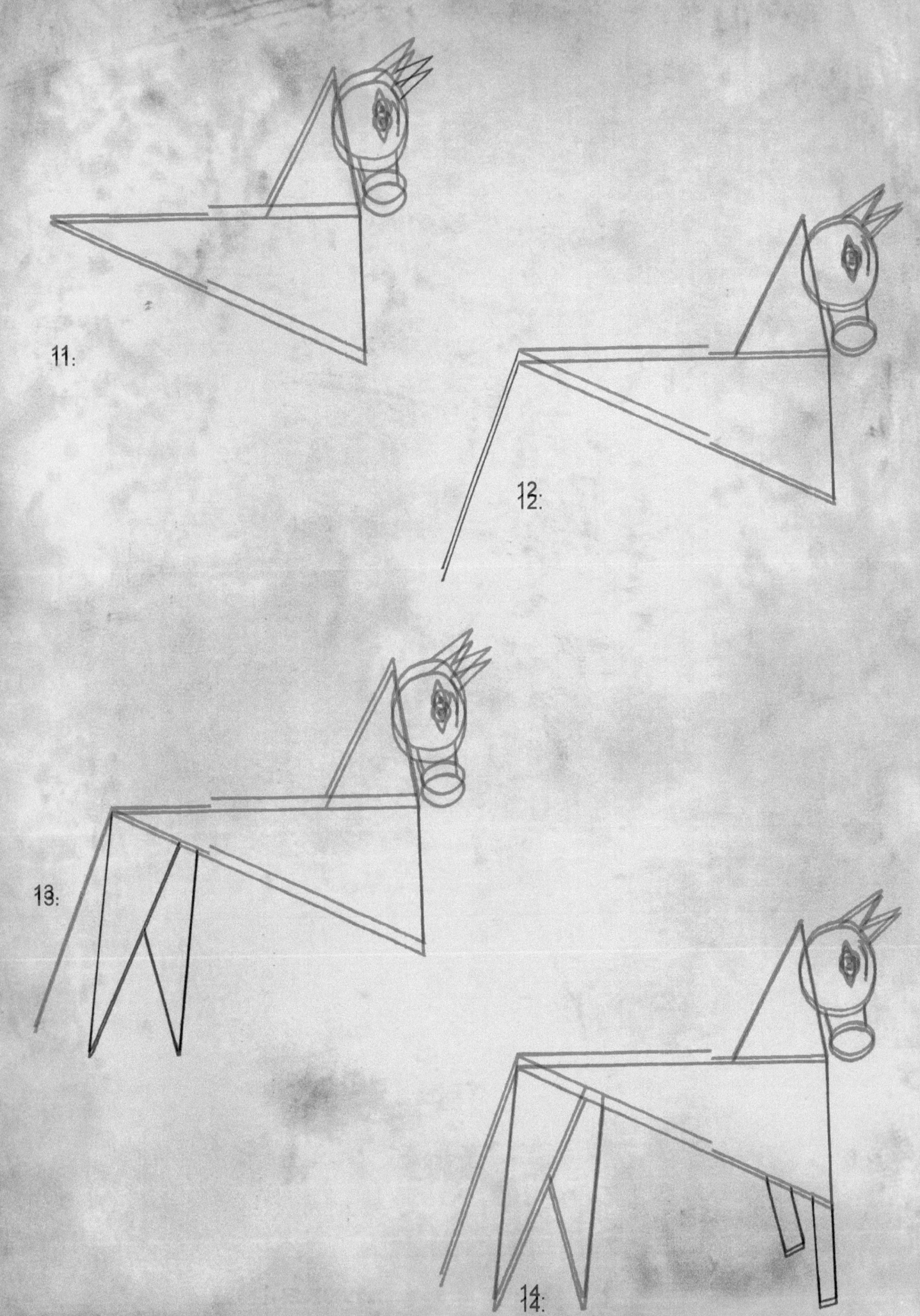

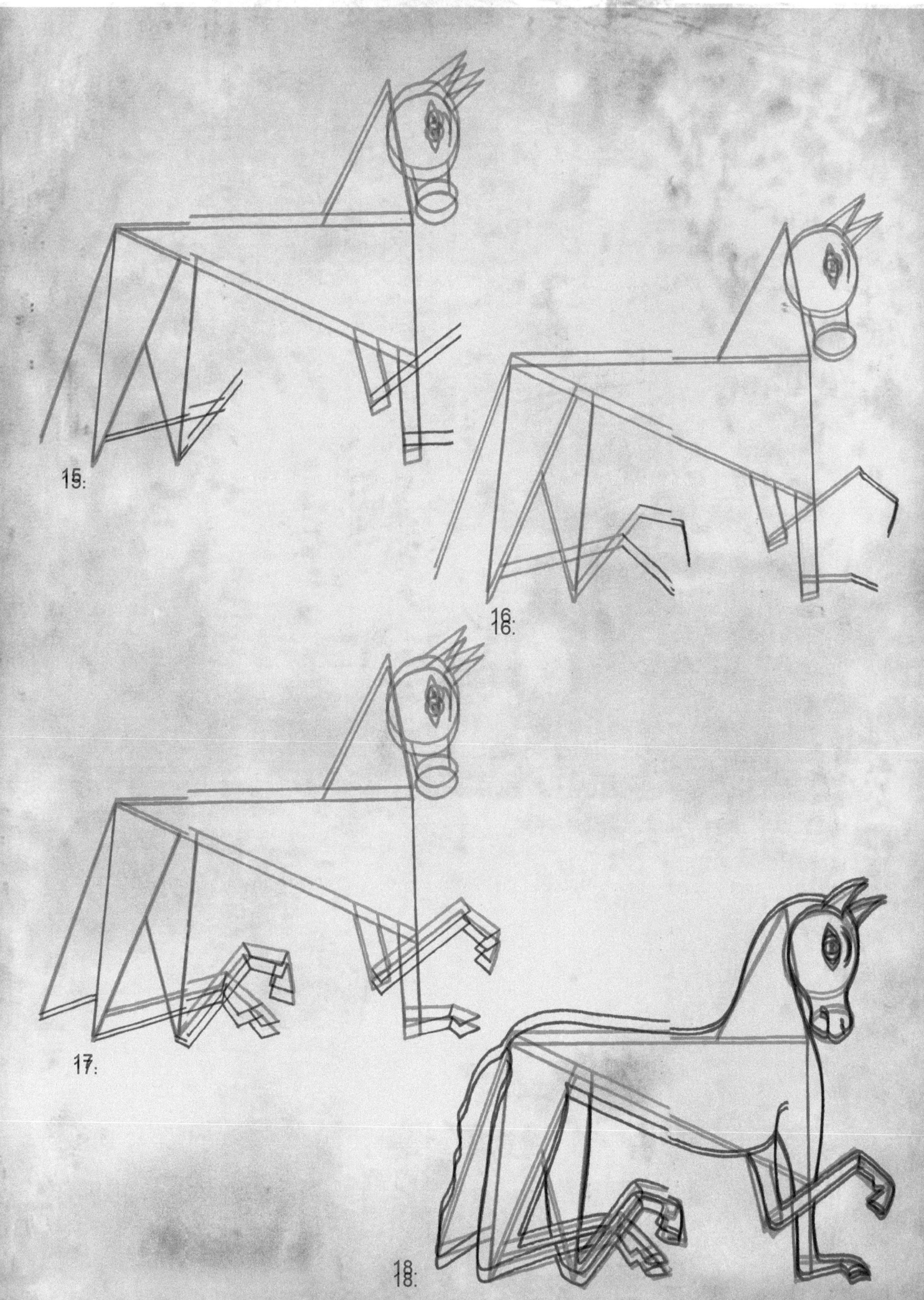

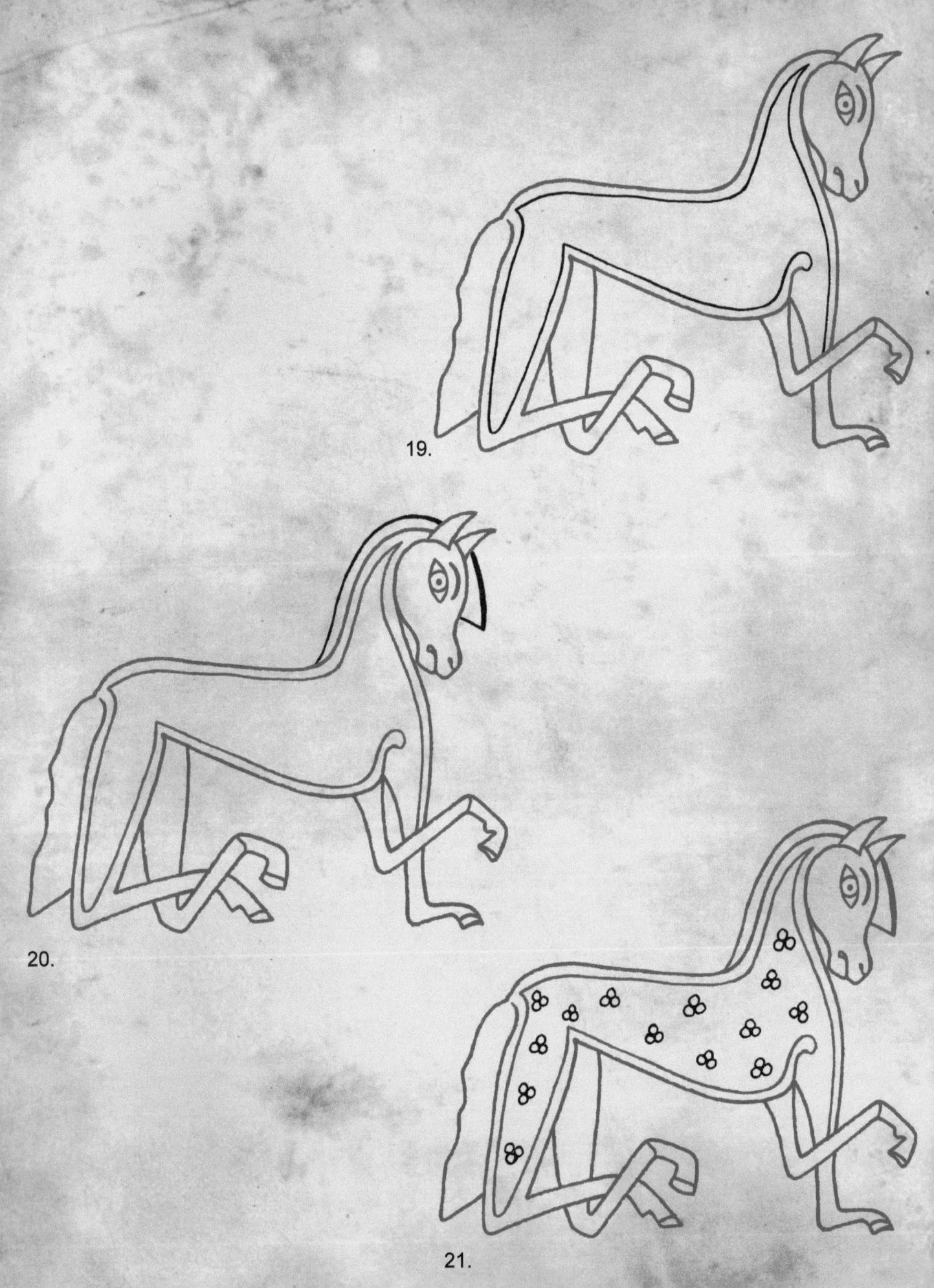

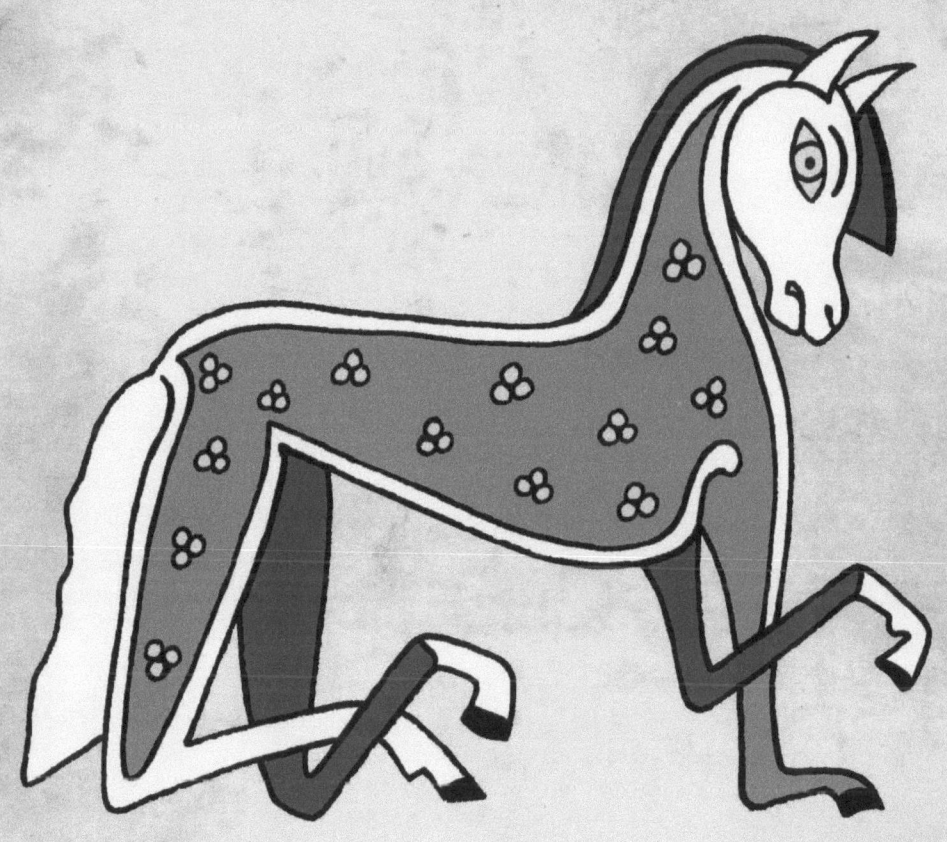

cf. Folio 255v

www.ingramcontent.com/pod-product-compliance
Lightning Source LLC
Chambersburg PA
CBHW051927210526
45473CB00006B/2169